LES
PARVENUS

PAR

PAUL FÉVAL

2

PARIS
ALEXANDRE CADOT, ÉDITEUR,
37, RUE SERPENTE

1854

LES PARVENUS.

Ouvrages de A. de Gondrecourt.

Le Baron La Gazette.	5 vol.
Mademoiselle de Cardonne.	3 vol.
Aventures du Chevalier de Pampelonne.	5 vol.
Les Prétendants de Catherine.	5 vol.
Le Bout de l'oreille.	7 vol.
La Tour de Dago.	5 vol.
Un Ami diabolique.	3 vol.
Le Légataire.	2 vol.
Les Péchés mignons.	5 vol.
Médine.	2 vol.
La Marquise de Candeuil.	2 vol.
Les derniers Kerven.	2 vol.

Ouvrages du Marquis de Foudras.

Un Drame en Famille.	5 vol.
Un Grand Comédien.	3 vol.
Le Chevalier d'Estagnol.	6 vol.
Diane et Vénus.	4 vol.
Madeleine Repentante (*suite du Caprice*).	4 vol.
Un Capitaine de Beauvoisis.	4 vol.
Jacques de Brancion.	5 vol.
Les Gentilshommes chasseurs.	2 vol.
Le Capitaine La Curée.	4 vol.
Les Viveurs d'autrefois.	4 vol.
Les Chevaliers du Lansquenet.	10 vol.
Madame de Miremont.	2 vol.
Lord Algernon (*suite de madame de Miremont*).	4 vol.
La comtesse Alvinzi.	2 vol.
Lilia la Tyrolienne (*épuisé*).	4 vol.
Tristan de Beauregard (*épuisé*).	4 vol.
Un Caprice de grande dame (in-18).	3 vol.
Suzanne d'Estouville (in-18).	2 vol.

Ouvrage d'Alexandre Dumas.

LA COMTESSE DE SALISBURY.

6 volumes in-8.

On vend séparément les derniers volumes pour compléter la première édition.

Imprimerie de E. Dépée, à Sceaux.

LES
PARVENUS

PAR

PAUL FÉVAL.

2

PARIS
ALEXANDRE CADOT, ÉDITEUR,
37, RUE SERPENTE.

1854

CHAPITRE DIXIÈME

—

BON MÉNAGE

Madame Des Garennes avait ôté, pour le coup, son tablier et son fichu de ménage. On pouvait rencontrer des Richard en traversant le jardin, et c'était aux Richard surtout que madame Des Garennes ne voulait point se montrer en déshabillé. En outre, madame Des Garennes attendait désormais, de minute en minute, cet *étranger de distinction*, M. Stephen Williams. Elle avait réfléchi ; il lui semblait que son mari mettait du mystère dans cette affaire ; on ne lui avait jamais parlé de ce Stéphen Williams avant la matinée de ce jour. — N'avait-elle pas appris, en outre, tout à l'heure, que Des Garennes se cachait d'elle pour jouer à la Bourse ? Il est certain qu'elle était dans le même cas, avec cette différence que Des Garennes, chef légal de la communauté, restait dans son droit, tandis que madame Des Garennes agissait en fraude de la loi. Mais la loi ne peut rien contre l'énergie des esprits supérieurs. Si Des Garennes était le chef légal, sa femme avait la réalité du commandement ; partant, Des Garennes était le seul coupable.

Madame Des Garennes se demandait avec inquiétude si l'âge donnerait à son mari cette témérité de faire acte d'indépendance. Elle n'était point de bonne humeur ; elle avait perdu une somme considérable, et cherchait sur qui venger cette injustice du sort. En traversant la terrasse, elle avait demandé encore à Bertois si les Morin étaient arrivés. Bertois avait pu juger à sa mine que le pauvre aubergiste et sa fille allaient en voir de cruelles.

— Vous me les enverrez aussitôt qu'ils seront venus, avait dit madame Des Garennes.

— Et Pierre Tassel ? demanda le bon

Bertois, qui songeait toujours à ses petites affaires.

La châtelaine descendit le perron sans répondre, et se dirigea vers la maisonnette du parc. En arrivant aux charmilles, elle contraignit sa physionomie un peu revêche à sourire ; mais Roland, Camille et maman Richard elle-même connaissaient parfaitement le sourire de madame Des Garennes ; ils n'y furent pas trompés un seul instant.

— Ma respectable mère, reprit la châtelaine, quand elle eut mis au front de la bonne femme un baiser officiel et glacé, — j'espère que vous vous trouvez bien dans votre petit ermitage, s'il en était autrement, il vous suffirait de dire un mot :

vous avez certainement le choix entre tous les appartements de ma maison.

— Si je ne me trouvais pas bien ici, répliqua maman Richard, — il faudrait que je fusse bien difficile. J'ai vu le temps où nous étions plus mal logés, ma fille.

Madame Des Garennes eut de la peine à conserver son sourire. Elle avait évité, jusqu'alors, de regarder Roland et Camille, dont la vue n'avait point diminué sa méchante humeur.

C'était pour eux qu'elle était venue; elle savait d'avance qu'elle les trouverait là tous les deux.

— Je vous croyais à votre piano, Camille, dit-elle avec douceur.

— Ma mère balbutia la jeune fille.

— Il n'y a point de blâme dans mes paroles, interrompit sèchement la châtelaine, — et vous êtes dispensée de vous excuser, mon enfant. Je ne puis trouver mauvais que vous veniez saluer madame Richard, puisque j'y viens moi-même. Seulement, on doit trouver le temps de remplir chacun de ses devoirs : je pense que vous savez votre sonate de Doehler ?

— Elle est bien difficile pour moi, madame.

La bouche de madame Des Garennes se pinça.

— J'ai dépensé vingt mille francs pour que vous ne trouviez rien de trop difficile,

Camille, dit-elle ; — vous me ferez le plaisir d'aller étudier.

— J'y vais, ma mère, murmura Camille, qui tendit son front au baiser de maman Richard et sortit sans ajouter une parole.

Le pauvre Roland était fort embarrassé de sa personne ; il fit le tour du grand fauteuil et s'approcha, la casquette à la main :

— Ma tante... commença-t-il.

— Bonjour, mon cher neveu, interrompit la châtelaine. Nous allons nous occuper de vous aujourd'hui. Allez voir, je vous prie, au château, si M. Des Garennes est rentré : vous lui direz que je l'attends dans le parc.

Roland ne demandait pas mieux que de quitter la place.

— J'y cours, ma tante, répliqua-t-il.

Et il sortit à son tour avec un visible empressement.

— Ma respectable mère, dit la châtelaine, — je ne sais pas comment mon cœur est jugé par ceux que j'affectionne ; mais il est certain que je passe ma vie à m'occuper d'autrui. Hier, j'ai consulté le docteur pour vous, et le docteur m'a dit qu'un peu d'exercice vous serait nécessaire. En pareil cas, il n'y a pas d'occupations qui tiennent : je suis venue vous offrir mon bras pour faire un tour dans le parc.

Maman Richard glissa vers elle un regard de défiance, et se leva précipitamment.

— Grand merci, ma fille, dit-elle, — vous me voyez bien reconnaissante.

— En promenant, reprit madame Des Garennes, — nous causerons tout à notre aise.

— Ah!... fit la bonne femme, — nous avons donc à causer?

La châtelaine mit son bras sous le sien, et sortit avec elle sur la pelouse.

— Sans doute, nous avons à causer,

prononça-t-elle avec un enjouement où perçait la contrainte ; — je ne voudrais pas vous contrarier, ma chère madame Richard... ou, plutôt, ma respectable mère ;... mais je ne puis m'empêcher de vous faire observer que Roland trouve auprès de vous un appui...

— Son père était mon fils! dit maman Richard, qui fit un mouvement pour retirer son bras.

— A Dieu ne plaise que je vous reproche de l'aimer! s'écria madame des Garennes; — nous l'aimons tous, assurément. Quand je parle d'appui, ce n'est pas à dire que le pauvre cher jeune homme ait besoin d'être défendu. Personne ne l'attaque, au contraire. C'est uniquement par rapport à Camille.

— Ils viennent, comme cela, me dire bonjour le matin, prononça l'aïeule le plus simplement du monde.

Il eût été remarquable pour tout observateur que maman Richard, si puérilement timide de loin, reprenait courage au moment de la bataille. Elle marchait, ma foi, d'un pas ferme à côté de sa bru, et son honnête visage avait même je ne sais quelle expression de vaillante dignité.

— En principe, dit madame Des Garennes, — je ne vois aucun mal à cela. Ces enfants ont raison : il suffit, en effet, que vous n'ayez pas de fortune personnelle pour que chacun ici doive redoubler de respects à votre égard. La délicatesse le commande. Mais vous savez bien, madame Richard... ou plutôt, mon excellente mère...

— Ma bru, interrompit la bonne femme gaillardement, vous n'avez pas besoin de vous reprendre ainsi à tout bout de champ. Je ne m'oppose pas à ce que vous m'appeliez du nom de mon pauvre homme : madame Richard.

La châtelaine rougit imperceptiblement, et poursuivit :

— Vous savez bien, disais-je, que M. Des Garennes a de légitimes inquiétudes. Ces deux enfants habitent sous le même toit;

ils arrivent à cet âge... Bref, M. Des Garennes craint de les voir se rapprocher.

— Est-ce lui, ou vous, demanda maman Richard, qui s'arrêta pour la regarder en face.

Madame Des Garennes baissa les yeux.

— Lui, sans aucun doute, répondit-elle d'abord.

Puis elle ajouta en se redressant :

— Lui et moi.

Maman Richard se remit à marcher, et il y eut un petit silence.

— J'ai cherché, ma chère dame, reprit la châtelaine, — les formes les plus convenables, les plus affectueuses, pour vous faire entendre...

— Mon Dieu, ma bru, repartit la bonne femme, — c'est bien de la peine perdue que vous prenez-là ! J'entends parfaitement, je vous assure.

A son tour, madame Des Garennes s'arrêta.

— Est-ce qu'on ne me rendrait pas justice ! murmura-t-elle, — ma chère belle-mère, vous dites cela d'une façon...

— Et je ne dis pas pourtant tout ce que je pense, répondit maman Richard avec fermeté. — Ecoutez-moi, ma bru, je fais de mon mieux pour ne point vous gêner, mais il paraît que je n'y réussis guère.

L'autre jour, vous me donniez à entendre, en employant les formes les plus convenables et les plus affectueuses, que mes habits de paysanne vous faisaient honte...

— Dans le monde, ma belle-mère, répliqua madame Des Garennes sans nier le fait, — on pardonne cet attachement pour certaines modes surannées aux personnes qui ont acquis une haute position ou qui ont fait une grande fortune.

Maman Richard se prit à sourire.

— Et moi, je suis restée pauvre, n'est-ce pas? dit-elle. Voilà plus de cent fois, ma bru, que vous me le répétez, avec les formes les plus convenables et les plus affectueuses. Que voulez-vous? ces habits sont ceux que portait ma mère : si vous le permettez, je mourrai dedans.

— Ce que j'en disais, madame Richard.....

— Hier, interrompit la bonne femme, qui prétendait égrainer tout son chapelet, — je parlais en faveur des Morin. De vieux amis! Vous m'avez fait sentir, très respectueusement, que mes amis ne pouvaient ne point être les vôtres, et que le mieux serait de me taire. Oh! vous n'avez pas dit le mot, ma bru. C'est comme l'autre jour, quand vous m'avez reproché, plus respectueusement encore, de me mêler des affaires de votre maison, parce que je témoignais de la pitié pour le vieux Vincent, que vous avez chassé après quinze années de service !

— Vincent n'était plus bon à rien, absolument, murmura madame Des Garennes.

— Je suis comme tous les ignorants, fit la bonne femme ; — ce que j'ai ouï dire une fois, je le retiens ; j'ai ouï dire que chez les sauvages, quand un homme n'est plus bon à rien, absolument, on lui casse la tête avec une massue. Nous autres, nous sommes plus cruels : nous le chassons ! Eh bien ! ma bru, ou plutôt ma chère fille, il y a longtemps que je ne suis plus bonne à rien, moi... absolument.

— Ma belle-mère ! se récria la châtelaine.

— J'ai beau faire : je vous gêne chaque jour davantage.

— Qui parle de cela?

— Permettez ! En ce moment-ci, nous nous entendons au mieux. Le malheur, c'est que j'aime assez mon fils Thomas, votre mari, pour rester chez vous malgré cela... En conséquence, ma bru, je vous déclare tout net que si vous voulez que je m'en aille, il faudra me le dire convenablement, affectueusement, respectueusement, si cela vous plaît, mais surtout clairement.

Elle retira son bras et resta debout devant la châtelaie, dans une attitude ferme et calme. Le diable n'y perdait rien, et son pauvre bon cœur battait bien fort dans sa poitrine. Madame Des Garennes avait les sourcils froncés et les dents serrées ; l'effort qu'elle faisait pour contenir sa colère la rendait toute pâle.

— J'étais loin de m'attendre..... balbutia-t-elle avec embarras.

Par le fait, elle disait vrai ; elle n'avait point compté du tout sur cette rude défense, et, dans son esprit, maman Richard était désormais condamnée sans appel.

La fermeté qu'elle venait de montrer la faisait dangereuse ; il ne s'agissait plus que de trouver l'arme qui devait la frapper.

Madame Des Garennes cherchait et répétait sans trop savoir ce qu'elle disait :

— Certes, ma belle-mère, j'étais loin de m'attendre...

— Chut ! fit maman Richard, qui prêta l'oreille.

Tout en causant, elles avaient cheminé dans le parc.

— Eh bien ! Julie, dit une grosse voix au milieu des bosquets, où donc es-tu ? Voilà une heure que je te cherche !

Julie était le petit nom de la châtelaine.

Maman Richard mit un doigt sur sa bouche.

— C'est mon fils, dit-elle, — brisons là,

ma bru. Pour rien au monde je ne voudrais jeter un germe de désunion dans son ménage. S'il m'interrogeait, peut-être que je répondrais. Je me sauve.

Des Garennes parut au détour du sentier.

— Enfin, je te trouve, Julie ! s'écria-t-il, — tu veux me parler ?... Tiens ! voilà maman Richard !

La bonne femme était en train déjà de s'éloigner.

— Eh bien ! eh bien ! mère, s'écria Des Garennes, tu t'en vas quand j'arrive ?

Maman Richard se retourna et répondit gaîment :

— Pourquoi arrives-tu quand je m'en vas, garçon ?

— Garçon ! répéta madame Des Garennes en elle-même ; — est-ce tolérable? Ces façons-là exaspéreraient un ange !

Des Garennes avait rejoint sa mère et l'embrassait sur les deux joues.

— Qu'est-ce qui te presse donc ? demanda-t-il.

— Ma toilette... répondit maman Richard en jetant un coup d'œil à sa bru.

La châtelaine détourna la tête, pendant que son mari disait en riant :

— C'est juste, c'est juste ! je ne veux pas te retenir.

Il embrassa encore la bonne femme, qui prit le sentier conduisant à la maisonnette.

— Excellente mère ! murmura Des Garennes en la suivant des yeux.

— Le plus digne cœur que je connaisse ! déclama la châtelaine avec un soupir.

Puis elle ajouta négligemment :

— Tu ne sais pas pourquoi elle s'en va ?

— Elle vient de le dire : sa toilette...

Madame Des Garennes secoua la tête en souriant.

— Ce n'est pas cela ? fit le mari.

— Non... c'est qu'elle a quelque chose à te dire, — et qu'elle n'ose pas!

— Bah! quoi donc?

— Je me suis chargée d'être son interprète, et je vais te conter cela en regagnant le château.

— Allons, avancez! dit Bertois rudement derrière le coude du sentier, — il y a plus d'une heure que madame vous attend!

On vit paraître Morin et Toinette tous deux rouges et bien décontenancés. Bertois les poussait littéralement devant lui, oublieux qu'il était de la bonne bouteille de vin d'Anjou bue dans la matinée.

— Serviteur, monsieur et madame ! balbutia Morin au milieu d'une demi-douzaine de saluts.

A chaque salut de son père, la pauvre Toinette faisait la révérence.

— Bonjour, mes amis, dit M. Des Garennes.

Il mit le nez au vent et prit l'autre côté de l'avenue.

La châtelaine, au contraire, attendit de pied ferme.

— Morin et vous, petite, dit-elle avec hauteur, vous êtes en faute.

— Si madame veut bien nous excuser... commença Morin d'un air humble.

—Toujours la même chose, n'est-ce pas? vous passez votre vie à mal faire et nous passons la nôtre à vous excuser. En conséquence, on dit que les riches sont durs et les pauvres sont d'innocentes victimes. Prenez votre livrée, Morin. Vous, petite, vous ferez ce qu'on vous ordonnera.

—Viens, Toinette, dit l'aubergiste avec empressement.

Il se trouvait bien heureux d'en être quitte à si bon marché. Des Garennes faisait mine de ne point entendre ce qui se disait de l'autre côté de la route; il avait tiré son portefeuille de sa poche et crayonnait le plan de quelque opération très lucrative.

— Attendez! fit madame Des Garennes

au moment où Morin s'éloignait avec sa fille.

Bertois s'attendait si bien à ce rappel, qu'il n'avait pas bougé. Morin et Toinette s'arrêtèrent.

— Le mois dernier, dit la châtelaine, — je vous avais mis en demeure de renouveler votre bail avec cent écus d'augmentation.

— Ma bonne dame... fit Morin effrayé, tandis que Toinette tournait déjà ses regards suppliants vers M. Des Garennes.

— Vous ne l'avez pas fait, reprit la femme forte; — je vous annonce que votre maison est louée... vous aurez les délais de droit pour opérer votre déménagement.

— Est-il possible ! s'écria Morin éperdu — mon père avait cette maison-là, madame : j'y suis né...

Il y avait une nuance de satisfaction sur le visage parcheminé du domestique de confiance. Il jetait déjà vers Toinette un regard conquérant.

— Oh ! monsieur, disait celle-ci, qui avait traversé la route pour se rapprocher de Des Garennes.

La châtelaine tourna le dos à Morin, qui était devant elle, les mains jointes, et lui dit ce seul mot :

— Allez !

Morin s'approcha à son tour de M. Des Garennes.

—Écoutez-moi, monsieur, dit-il, écoutez-moi, je vous en conjure!

Des Garennes feuilletait attentivement son carnet.

—Hein! fit-il comme un homme qu'on éveille; — mon pauvre Morin, cela ne me regarde pas; c'est madame qui s'occupe de ces détails.

—Détails! se récria Morin; — mais j'ai enfoui tout mon avoir dans votre terre, et vous le savez bien! Détails! mais il s'agit de mon existence et de l'existence de ma fille.

Toinette répétait en pleurant

—Ayez pitié de nous!

Des Garennes était visiblement embarrassé, sinon ému ; mais une œillade qu'il glissa vers sa femme lui rendit ce courage des poltrons qui voient la retraite fermée.

— Je n'y puis rien, fit-il d'un ton bourru.

—Allons, allons, disait Bertois en ce moment,—croyez-vous que j'aie le temps de vous attendre !

Morin et sa fille baissèrent la tête et s'éloignèrent. Morin pensait tout haut :

—Si la bonne dame Richard ne vient pas à notre aide, nous sommes perdus !

Toinette se disait :

—Je n'ai plus d'espoir qu'en monsieur Roland !

Ils venaient de tourner l'angle de la route; le domestique de confiance se mit au-devant d'eux, au milieu du chemin.

— Il y a aussi un certain Bertois, dit-il en clignant de l'œil, — qui pourrait faire quelque petite chose, s'il le voulait bien...

L'aubergiste et sa fille l'interrogèrent avidement du regard.

— Eh! eh! eh!... fit Bertois, qui prit familièrement Toinette par le menton, — nous causerons de cela en temps et lieu!

La châtelaine s'appuyait mélancoliquement au bras de son mari, qui avait remis, bien entendu, son portefeuille dans sa poche.

— Cela me fend le cœur! dit-elle avec

sentiment, — de faire du chagrin à ces bonnes gens; mais il faut administrer ses domaines.

— Peut-être aurait-on pu... fit Des Garennes d'un accent très timide.

La châtelaine se redressa de son haut.

— Y mettre plus de douceur, n'est-ce pas? acheva-t-elle ironiquement, — c'est cela que vous voulez dire? Je sais très bien à quoi je m'expose en me dévouant corps et âme à vos intérêts: on m'accusera d'être impitoyable; on m'en accuse déjà peut-être; je m'y résigne : nous sommes des parvenus...

— Ma bonne amie!... fit Des Garennes.

à l'oreille de qui ce mot sonnait désagréablement.

— Nous sommes des parvenus ! répéta la châtelaine, — non-seulement pour la noblesse insolente des environs, mais aussi pour les paysans de notre terre. Nous sommes des parvenus pour nos fournisseurs de la ville, pour nos domestiques et même pour nos cousins Richard, plus pauvres ou moins fastueux que nous. Ne sais-je pas que ce mot de parvenu est dans toutes les bouches à notre approche? Nous sommes des parvenus : tout le monde hait les parvenus, par la raison naturelle et simple que tout le monde est jaloux des parvenus. Le fermier d'un parvenu le paie de mauvaise grâce ; le valet d'un parvenu le sert à contre-cœur. Il faut, croyez-moi, que le parvenu soit plus fort qu'un autre, s'il veut n'être point vaincu dans cette lâche et sourde bataille que lui livrent ceux d'en haut et ceux d'en bas. D'autres peuvent être polis, bienveillants, faciles : le parvenu doit être fier et sec, sous peine de se voir écraser par les grands et rongé par les petits. D'autres peuvent dire avec courtoisie : Je voudrais : il faut que le parvenu dise vigoureusement : Je veux !

— Tu as raison, toujours raison !... fit Des Garennes, qui ne s'attendait pas à cette foudroyante tirade.

— Et maintenant, reprit sa femme en donnant à sa voix un accent de fatigue découragée, — vous plaît-il de me rendre un bien grand service, monsieur? Prenez le gouvernement absolu de votre maison; déchargez-moi de ces soins insupportables; épargnez-moi ces luttes qui me martyrisent ! Vous trouvez que je n'y mets pas assez de douceur, eh bien ! laissez-moi donner ma démission, et je serai la plus heureuse créature du monde !

Ce n'était pas le compte de Des Garennes. Suivant son habitude, il fit valeureusement retraite avant d'avoir combattu, et baisa la main de sa femme avec flatterie.

— Je ne suis pas assez ennemi de moi-même, dit-il en souriant, — et j'apprécie trop bien la capacité de mon incomparable Julie...

— Alors, s'il vous plaît, ne parlons plus de cela !

— N'en parlons plus!.... Tu avais quelque chose à me dire de la part de ma mère?

— C'est vrai; j'allais l'oublier.... Mais auparavant, je voudrais savoir au juste quel homme est ce M. Stephen Williams?

— Ma foi, s'écria Des Garennes, — tu m'en demandes bien long, ma chère amie. Je l'ai vu pour la première fois ce matin. C'est un gaillard bien découplé qui a une belle figure et une barbe d'apôtre. Il n'a fait aucune difficulté de monter dans ma calèche, et en arrivant au château, il s'est jeté sur son lit sans compliment, pour faire un petit somme.

— Sous le rapport moral?... commença la châtelaine.

—J'entends bien... mais dans une demi-heure on ne peut pas juger... Pourtant, je puis dire dès à présent qu'il m'a paru avoir une humeur fort bizarre... Et même....

— Et même?...

— Eh bien! on peut lâcher le mot. Je crois qu'il est un peu...

Il se toucha le front d'un geste significatif.

— Vraiment! fit la châtelaine étonnée.

— Il me l'a presque dit lui même, reprit M. Des Garennes, — il m'a avoué franchement, sans que je le lui demandasse, qu'il avait la manie américaine.

— La manie américaine?... répéta l'incomparable Julie.

— Saurais-tu par hasard ce que c'est que cela, toi?

— Je n'en ai jamais entendu parler.

— Je t'en offre autant! en somme, il est puissamment riche, j'ai mes raisons pour en être convaincu, et c'est le principal.

— Oui, répéta la châtelaine rêveuse, — c'est le principal... Je veux voir ce M. Stephen Williams, dès qu'il sera éveillé.

Ils arrivaient aux charmilles qui bordaient le parterre. Le jardin était déjà tout émaillé de Richard des deux sexes qui causaient et folâtraient parmi les fleurs. On entendait la basse-taille normande de Du Taillis, le ténor aigu de Du Guéret et le baryton nasal de l'artiste; Léocadie Des

Jardins, soprano, madame Augusta Massonneau aîné, contralto, et le chœur fauxbourdonnant Des Richard complétaient ce concert qui était désagréable. Des Garennes et sa Julie prirent un long détour pour éviter leur famille et regagnèrent le château, par un sentier solitaire.

— Et maintenant, poursuivit, chemin faisant, Des Garennes, — vas-tu me dire le grand secret de maman Richard?

— Volontiers... c'est tout bonnement un enfantillage... Quand tu es venu nous interrompre, là-bas, dans le parc, l'excellente madame Richard me disait, — ou plutôt elle me donnait à entendre que les habitudes de cette maison... la vie qu'on y mène... ne sont plus en accord avec son âge et la simplicité un peu villageoise de ses mœurs.

— Ah! fit Des Garennes, étonné, — au fait, je lui ai trouvé l'air tout drôle!

— Oui, continua la châtelaine du bout des lèvres, — elle a été contrariée de te voir arriver juste à ce moment-là. Elle tournait autour du pot, comme disent les gens du commun, elle ne parlait pas la bouche ouverte, mais en définitive, j'ai compris parfaitement qu'elle se sentait de plus en plus dépaysée au milieu du monde que nous voyons... qu'elle avait ses petites préférences, ses petits regrets... et que son désir serait de... tu m'entends bien, n'est-ce pas?

— Non, fit Des Garennes, qui réfléchissait, — j'avoue que je ne comprends pas.

— Oh que si fait! pensa la châtelaine, qui eut peine à masquer son méchant sourire, — tu comprends, mon ami, et très bien!

Elle ajouta tout haut :

— Moi, j'ai été surprise d'abord et plus affligée encore que surprise, comme tu peux le penser. Je lui ai répondu que nous éprouverions un très vif chagrin à la voir se séparer de nous...

— Ma mère! s'écria Des Garennes, qui lâcha le bras de sa femme, ma mère, se séparer de nous!

— Pouvons-nous la retenir de force? demanda simplement la châtelaine.

Des Garennes n'était point un méchant homme ; il y avait encore du bon quelque part au fond de son cœur ; mais c'était un homme faible et un homme subjugué. Ces révoltes de l'âme étaient chez lui de plus en plus courtes et rares.

—C'est que... balbutia-t-il, — j'étais si peu préparé... Es-tu bien sûre de ce que tu dis là, Julie ?

Madame Des Garennes croisa ses bras sur sa poitrine, dans l'attitude de la dignité offensée qui pardonne. C'est surtout au théâtre du Gymnase que cette pose connue a le plus grand succès quand elle est réussie.

—Mon ami, répondit-elle avec douceur, — vous me faites là une question que d'autres pourraient prendre pour une mortelle injure. Si je n'étais pas édifiée complétement et que je vinsse néanmoins vous parler comme je le fais, ce serait donc que j'aurais l'envie ou le dessein d'éloigner une mère de la maison de son fils! Si vous avez supposé cela un seul instant....

— Oh!... interrompit Des Garennes avec componction, tu ne le crois pas, Julie!

— Assez pour aujourd'hui, se dit la châtelaine; — le coup est porté, il fera jour demain.

— Mon Dieu, mon ami, reprit-elle tout haut, —je ne le crois pas, c'est vrai... mais je le croirais qu'il me resterait encore ma conscience.

Elle tendit sa main à Des Garennes, qui la baisa avec effusion.

— Je veux te parler maintenant, reprit-elle, d'une chose qui a bien aussi son importance. Je pense avoir décidément arrangé le mariage de notre chère Camille avec le cousin Du Guéret.

— N'est-ce pas se hâter beaucoup, ma bonne amie? demanda Des Garennes, qui était en veine d'opposition.

La châtelaine prit un air soumis.

— Je l'avais fait pour te plaire, dit-elle; — pour peu que tu y trouves des inconvénients...

— Je ne dis pas cela... mais...

— Notre Camille va avoir dix-sept ans.

— Elle est belle, elle est accomplie, comme peut l'être une jeune fille qui sort de tes mains, ma Julie!

— Flatteur!

— Non... j'avoue que j'avais espéré...

— Moi aussi... fit la châtelaine; — mais c'est qu'il y a des gens qui prétendent que le père de cette jeune fille si accomplie et si belle, est un négociant ruiné.

Des Garennes tressaillit et recula. La châtelaine s'arrêta; le perron n'était plus qu'à quelques pas. La châtelaine regardait son mari les yeux demi-clos et la bouche souriante; sa physionomie avait changé complétement, ses traits exprimaient à présent une supériorité protectrice.

— Une fois pour toutes, mon ami, dit-elle, c'est folie que de vouloir me cacher quelque chose. Je ne vous reproche rien, mais vos affaires sont mauvaises... très mauvaises... ne niez pas, je le sais.

Involontairement Des Garennes courba la tête.

— Le cousin Du Gueret, reprit la châtelaine, — n'est pas le Pérou, mais il verse cinq cent mille francs écus dans la maison le jour de la signature du contrat.

— Julie! tu es ma providence! s'écria Des Garennes en lui serrant les mains.

— Cette somme suffira?...

— Avec ta réserve que j'ai mise entre tes mains, cette somme sera plus que suffisante. Je ne sais pas d'où te viennent tes renseignements : tu es une fée ! Mais il est certain que sur la place de Paris ma position est toujours magnifique ! Le côté périlleux c'est ma balance avec Peter Bristol de Boston, que j'ai dû autoriser à faire traite sur moi pour un million six cent mille francs...

La châtelaine eut un mouvement de frayeur; Des Garennes se prit à sourire.

— Tu penses au premier terme de paiement de notre château, dit-il, — c'est la destination de l'argent que je t'ai confié.

Sois tranquille, cette destination sera remplie. Peter Bristol fait tout ce que je veux, c'est la perle des hommes !

— Si tu ne crains pas...

— Je ne crains rien du tout ! Avec les cinq cent mille francs de Du Guéret, qui a sans doute ta parole...

— Il a ma parole ! dit lentement la châtelaine.

Elle franchit les dernières marches du perron et poussa son mari dans le salon, après quoi elle referma la porte.

— Il a ma parole, répéta-t-elle en posant sa main sur le bras de Des Garennes. — Mais...

— Mais quoi?

— Supposons qu'il se rencontre une occasion meilleure du jour au lendemain. Et en parlant ainsi, j'ai peut-être mon idée.

— Ce M. Stephen Williams? commença Des Garennes.

— Pourquoi non? demanda la châtelaine en souriant.

Des Garennes se frotta les mains.

— Voilà qui serait un coup de maître! s'écria-t-il.

— En ce cas-là, mon ami, tu m'entends bien, poursuivit la femme forte en abondant dans ce sens, — nous nous souviendrions qu'en définitive il s'agit du bonheur de notre chère enfant...

— Parbleu !

— Un acte aussi important mérite réflexion.

— Sans doute, sans doute ! Et nous n'avons rien signé. Il n'y a qu'une parole donnée...

— Au pis aller, reprit madame Des Garennes, si Du Guéret faisait le méchant, nous lui dirions que Camille n'a pas voulu.

— On ne peut pas forcer une jeune personne ! fit brusquement Des Garennes.

— Ce serait odieux ! appuya la châtelaine.

Des Garennes se refrotta les mains.

— Chaud ! chaud ! dit-il, nous ferions ce mariage-là tout de suite !

— En dépit de la manie américaine ! ajouta la châtelaine en souriant.

Son mari la contemplait avec enthousiasme.

— C'est pourtant toi qui as eu cette idée-là ! dit-il ; — tu es bien le modèle des femmes.

— Je fais de mon mieux, repartit modestement la châtelaine, pour remplir mon devoir d'épouse et de mère.

— **Monsieur Stephen Williams**, dit un

domestique à la porte, demande si monsieur et madame veulent le recevoir?

— J'ai fait ôter les housses du salon Louis XV, murmura la châtelaine à l'oreille de son mari.

— François, ajouta-t-elle tout haut, — introduisez M. Stephen Williams dans le salon Louis XV!

— Belle dame, interrompit notre ami Robinson, le vrai Robinson, Robinson Ier, maître de Vendredi, qui entra sans trop de cérémonie sur les talons du domestique, — nous serons tout aussi bien ici pour causer.

— Il salua sommairement et s'assit bien à l'aise entre le mari et la femme.

CHAPITRE ONZIEME

—

INTRIGANT

Ce n'était pas le salon Louis XV. Le salon Louis XV valait bien mieux. Le salon Louis XV était ce lieu réservé que certaines gens ont exclusivement pour la montre, le sanctuaire où l'on condense le luxe, où chaque objet a son prix exhorbitant, son histoire plus ou moins authentique et son étui protecteur. Là, vous voyez les pendules habillées de gaze ; les candélabres cachent leurs dorures sous un sarreau de toile grise ; on met des chemises aux tableaux, des housses aux fauteuils ; les boiseries sculptées ont leurs robes de chambre, le guéridon sa fausse manche et le tapis lui-même son tablier de tous les jours.

Cela ressemble à ces lionnes de mœurs parcimonieuses qui mettent, pour aller au bal, en faisant l'économie d'un fiacre, un ignoble bas de laine par-dessus le satin mignon de leurs souliers.

Le salon Louis XV était une merveille. Vous en connaissez au moins trente absolument semblables : le salon Louis XV de la finance se fait un poncif : — Bergères Pompadour, bronzes rocaille, petites glaces dans des cartouches coquets, plafonds chargés d'amours et de roses, portraits en poudre placés dans des cadres ronds, tableaux peints sur fond lilas par des petits jeunes gens affamés qui signent Boucher ou Watteau, comme de braves enfants qu'ils sont!

Mais ce n'était pas le salon Louis XV. La châtelaine avait manqué son effet; M. Stephen Williams, cet étranger de distinction, n'avait pas voulu du salon Louis XV.

Ces Américains sont rustiques et stupides! Il faut bien être un Yankee pour dédaigner ce salon Louis XV, si joli, si frais, si plein de caractère, — malgré son prix fixe.

Allez donc ainsi offrir des perles à des sauvages !

C'était le salon ordinaire ; le salon où dansaient, dans les occasions semi-solennelles, les jeunes filles et les jeunes femmes de la tribu Richard. On avait remplacé par des meubles modernes l'ancien ameublement du traitant Turlot, qui était bien Louis XV celui-là ! — mais pas Louis XV à la mode.

Quand on accepte, comme madame Des Garennes, résolument et presque fièrement, sa position de parvenu, on ne peut plus déjà être rangé parmi le commun des bonnetiers enrichis. Madame des Garennes n'avait peut-être pas autant de goût que de tête, mais elle ne manquait pas de goût, parce que toutes les choses de l'intelligence se tiennent, et qu'il eût fallu être aveugle pour refuser à madame Des Garennes beaucoup d'intelligence et beaucoup d'esprit.

Elle n'était pas née. Ce liant, ce tact qui est l'apanage de la race, pouvait lui faire défaut; mais elle avait, quand elle voulait, la grâce gauloise, et dès qu'elle ne mordait plus, ses belles dents savaient éclairer son sourire.

Malgré certaines mesquineries de détail, son château était assez grandement tenu, en apparence du moins; on n'y voyait rien de ridicule, et il n'était pas donné à tout le monde de pénétrer les petits mystères de l'office.

Le salon où M. Stephen Williams venait d'être introduit donnait, comme nous l'avons dit, sur la terrasse; on y jouissait de cette vue riante et lumineuse que nous avons essayé de décrire. C'était une pièce très vaste qui, sauf l'étendue, certaines formes architecturales et la hauteur du plafond, rappelait ces salons uniformes qui sont à tous les étages de toutes les maisons de toutes les rues de la Chaussée-d'Antin. Deux portes placées au fond s'ouvraient sur une galerie, élevée de deux ou trois marches et destinée à placer l'orchestre. Ces portes communiquaient en outre par les deux extrémités de la galerie avec les appartements de l'intérieur.

C'était par une de ces portes qu'on avait fait entrer *l'étranger de distinction.*

Madame Des Garennes, malgré le chagrin sérieux qu'elle éprouvait de n'avoir pu produire son salon Louis XV, avait parcouru d'un regard rapide et transcendant toute la personne de M. Stephen Williams. Ce fut l'affaire d'une seconde, M. Stephen Williams lui apparut à peu près tel qu'elle avait pu se le figurer d'après la description de son mari : personnage bizarre, au demeurant, et d'une beauté un peu romanesque. Mais ce premier coup d'œil de la châtelaine vit ce que son époux aurait passé sa vie à ne point voir. Un je ne sais quoi, quelque chose de fugitif et d'indéfinissable qui lui causa comme un mouvement de frayeur.

Avait-elle trouvé son maître?

Si Toinette avait été là, Toinette aurait eu souvenir que dans les romans de chevalerie, la reine éprouve ainsi parfois une émotion indicible et sans cause à la vue d'Olivier ou de Renaud.

Et Toinette eût été de plus en plus persuadée que *c'en était un.*

Pauvre Toinette! en ce moment elle pleurait toutes les larmes de son corps; son père venait de causer avec M. Bertois, le domestique de confiance, et Pierre Tassel n'avait qu'à se bien tenir!

Que Stephen Williams fût ou non un

chevalier errant, il est certain que le sentiment éprouvé ici par la reine, n'était pas de l'amour. Elle avait eu comme un frisson, et ses beaux yeux s'étaient baissés sous le regard hardi de l'Américain.

Celui-ci affectait une rondeur et un sans façon que madame Des Garennes eût trouvé d'assez mauvais ton en d'autres circonstances. Il n'était pas impoli à proprement parler, mais sa familiarité semblait tout près de franchir les bornes, et l'incomparable Julie pouvait remarquer que ses jambes bottées se croisaient déjà l'une sur l'autre.

— Eh bien! vous n'êtes pas mal installés ici, dit-il en se plongeant tout au fond de son fauteuil ; — jolie vue, bon air!

Ah ça ! je vous remercie beaucoup de votre accueil.

— Nous aurions voulu mieux faire, interrompit la châtelaine.

Des Garennes se précipita sur la main de son hôte.

— Nous avons été trop heureux, cher monsieur... dit-il.

— Bon ! bon ! fit l'Américain. — Je vois d'ici du monde dans votre parterre. Arrangez-vous pour que nous soyons seuls un petit moment.

— Baptiste ! cria Des Garennes, à la porte du fond, — ne laissez entrer personne : personne, vous entendez bien !

— Dites-moi, reprit Stephen Williams, quand Des Garennes fut revenu à sa place, — pourquoi me recevez-vous si bien que cela?

— Pourquoi? balbutia Des Garennes ébahi de cette brusque sortie.

— Vous ne savez même pas qui je suis, ajouta l'étranger de distinction.

— Chez nous, milord, répondit madame Des Garennes, avec la courtoisie la plus délicate, — l'hospitalité peut être modeste... et même insuffisante...

— Peste! grommela Stephen Williams, — on m'a mis dans une chambre comme le président du congrès n'en a pas!

— Mais du moins, acheva la châtelaine, — cette hospitalité n'est pas indiscrète.

L'Américain tira un cure-dents et le mit dans sa bouche.

— Vous avez eu la bonté, reprit Des Garennes, de m'écrire une lettre qui manifestait un désir...

— Ah! ah! et cela suffit?

— Parfaitement!

— Et vous ne demandez même pas pourquoi j'ai désiré de m'introduire chez vous?

— Nous sommes enchantés de vous

posséder, milord, dit la châtelaine, — voilà l'essentiel.

— C'est merveilleux cela! s'écria Stephen Williams avec une bonhomie un peu railleuse ; — la célèbre hospitalité des montagnards écossais me paraît de beaucoup distancée ! Je vous prierai, madame, par parenthèse, de ne point m'appelez milord, parce que nous n'avons pas de lords en Amérique : première raison... seconde raison, parce que si nous avions des lords, je ne ferais point partie de leur caste assurément... car, je vous l'avouerai de moi-même, puisque vous ne voulez pas me le demander : je ne suis qu'un pauvre diable de commis peu habitué à des réceptions pareilles.

Des Garennes enfla ses joues. Depuis deux minutes, pour employer son style, il se doutait du coup de temps. Sa femme lui lança un regard qu'il ne vit point, et il s'écria vivement :

— Ah ça, ce n'est donc pas pour votre compte que ?...

Il s'interrompit, parce que sa femme venait de lui pincer le bras jusqu'au sang, par derrière.

— Que quoi?... demanda M. Stephen Williams avec curiosité.

Des Garennes restait tout penaud.

L'incomparable Julie le tira d'embarras en disant du ton le plus naturel :

— Mon mari désire savoir tout uniment, monsieur, si vous venez nous voir en votre nom ou pour le compte d'autrui.

Stephen Williams se mordit la lèvre pour ne pas sourire.

— Une femme d'esprit! pensa-t-il; — c'est raccommodé de main de maître! Le mari, qui est un nigaud, allait me demander si c'est pour mon compte que j'ai acheté les rentes, hier à la Bourse... Allons, allons, il faut jouer serré, je vois cela!

— Justement! murmurait Des Garennes d'un air idiot, madame a exprimé toute ma pensée.

— Eh bien! belle dame, reprit Stephen

Williams en la considérant avec plus d'attention, — je viens à vous pour le compte d'autrui. Je suis chargé de plusieurs missions : d'abord des compliments de mon patron, Peter Bristol de Boston.

— Vous faites partie de la maison de Peter Bristol? s'écria madame Des Garennes, dont la voix prit des inflexions plus caressantes.

— Notre illustre correspondant! ajouta Des Garennes avec emphase.

— Ma foi! dit Stephen Williams, j'ignorais que le bon Peter Bristol fût illustre.

— Ce nom est connu dans tout l'univers!

— Connu sur la place, je ne dis pas. Et

Peter Bristol, qui préfère le crédit à la gloire, n'en demande pas davantage.

— C'est comme moi, voulut dire Des Garennes.

La châtelaine lui coupa la parole.

— On est toujours sûr, reprit-elle, de trouver ainsi la modestie unie au vrai mérite. Vous êtes sans doute, monsieur Stephen Williams, le principal commis de Peter Bristol?

— Cela se voit! s'écria Des Garennes.

— Qui est-ce qui voit cela? demanda l'Américain.

— Moi, monsieur, répondit la châtelaine. — Il y a chez le vrai gentleman je ne sais quel parfum...

— C'est comme le bouquet de notre bordeaux, ajouta Des Garennes, on ne s'y trompe pas!

Stephen Williams éclata de rire.

— Ma parole, s'écria-t-il, — vous êtes bons, tous les deux!

Le mari et la femme se regardèrent.

— Ah! vous trouvez que j'ai du bouquet! poursuivit l'étranger de distinction en fourrant ses mains dans ses poches; — eh bien! on pourrait vous en donner à garder en fait de gentlemen, sinon en fait de vin. Il y a dans la maison de Peter Bristôt plus de cinquante commis au-dessus de moi !

Des Garennes ne put s'empêcher de se redresser.

— Ah !... fit-il sans cacher son désappointement.

Et comme l'Américain se leva pour aller voir de près le tableau qui lui faisait face, Des Garennes haussa les épaules et se pencha vers sa femme en disant :

— Ce n'est rien du tout !

— Bouche en cœur ! fit tout bas madame Des Garennes, — s'il venait pour les traites !...

— C'est juste ! mais quelle idée nous nous étions faite de cet homme-là !

— Dites donc, reprit Stephen Williams qui avait le dos tourné, — je crois que vous ne me caressez plus ?

— L'impertinent ! fit Des Garennes.

La châtelaine lui imposa silence d'un geste énergique.

Stephen Williams poursuivit en regagnant sa place :

— J'ai tout bonnement fait le voyage en maréchal-des-logis, afin de louer un hôtel à Paris pour le caissier.

— Ah ! s'écrièrent à la fois M. et madame Des Garennes, — Peter Bristol a envoyé son caissier en France !

— Pour opérer certains recouvrements importants, répliqua simplement Stephen Williams.

Et il va bientôt arriver ?

— C'est fait, il est arrivé.

— Comment ! balbutia le mari, qui n'eut pas la présence d'esprit de dissimuler son inquiétude.

Madame Des Garennes, au contraire, frappa dans ses mains, avec toutes les marques de l'allégresse la plus vive.

— Quel bonheur ! dit-elle ; — nous avons

reçu plusieurs lettres fort aimables de ce caissier qui se nomme...

— Robinson.

— Ce cher M. Robinson ! ajouta Des Garennes un peu remis ; — je crois bien qu'il nous a écrit des lettres fort aimables ! plus qu'aimables. Quand le verrons-nous ?

— Vous l'avez vu, répondit Stephen Williams.

— Je l'ai vu ?

— Ne vous souvenez-vous plus de ce Robinson qui était avec moi dans la chambre de l'auberge ?

Des Garennes ouvrit de grands yeux.

— Si fait, dit-il ; je crois me rappeler... mais ce n'est pas possible! vous l'avez traité comme un commis...

— Précisément.

— Pis que cela! poursuivit Des Garennes, — comme un valet.

— Juste! Il est fait ainsi, le caissier! c'est un original. En route, la manie l'a pris d'intervertir les rôles et de passer pour mon subordonné.

La châtelaine, dépaysée, avait écouté attentivement et en silence.

— Mon ami, dit-elle en s'adressant à son mari, — il n'y a qu'une chose à faire, c'est de prendre la voiture et de courir au grand galop à l'auberge.

— Pour le chercher? interrompit Stephen Williams, en arrêtant Des Garennes, qui s'était mis déjà sur ses jambes; — je ne vous le conseille pas !

—Pourquoi cela?

— Le diable sait s'il est encore à l'auberge.

—Dans le doute il faut se hâter, insista la châtelaine.

—Ecoutez, repartit l'Américain,—Peter Bristol est tout simple et tout rond, mais ses premiers commis sont des princes! Le Robinson n'aime pas le zèle, et c'est pour éviter certaines démonstrations trop empressées qu'il s'est affublé de cet humble rôle.

Comme il vit que Des Garennes hésitait encore, il ajouta en se plongeant de nouveau dans les coussins de sa bergère :

— Allez, si vous voulez, moi, je m'en moque, au demeurant!... En définitive, le Robinson a beau être brutal, on ne meurt pas d'une volée de coups de cravache!

Des Garennes restait planté comme un mai devant sa femme, qui ne disait plus rien. Quelle que soit l'idée que le lecteur ait pris du châtelain et de la châtelaine, il est certain que cette menace détournée de coups de cravache franchissait les limites de la plus étourdissante fantaisie.

Était-ce une gageure! Peter Bristol avait-il

choisi tout exprès un ambassadeur d'espèce si terrible, ou bien ce subalterne effronté se permettait-il une mystification ?

Pendant que le mari et la femme, assez embarrassés tous deux, tenaient une sorte de conseil muet, Stephen Williams reprit la parole.

— Le mieux, dit-il rondement, — c'est de rester tranquille : croyez-moi, vous verrez toujours ce Robinson assez tôt. Asseyez-vous, calmez-vous et parlons d'une petite affaire qui me revient : ce n'est pas grand'chose, si je ne saisissais l'occasion aux cheveux, je l'oublierais très certainement. Or, je tiens à ne pas l'oublier... N'avez-vous pas un frère en Amérique, monsieur Des Garennes ?

—Un frère? interrompit celui-ci, qui changea de visage.

La châtelaine avait tressailli de la tête aux pieds.

—Dites donc, fit Stephen Williams avec son sourire un peu cynique, — savez-vous que ce sujet de conversation ne paraît pas vous flatter infiniment?

—C'est que, mâchonna Des Garennes, — j'étais si loin de m'attendre! Certes, monsieur, j'aimais mon frère... Je l'aimais beaucoup...

— Est-il besoin de le dire! interrompit sèchement la châtelaine.

Elle était déjà remise et sur la réserve.

— Vous l'aimiez beaucoup tous les deux, reprit l'Américain, — mais vous vous étiez faits à l'idée qu'il avait passé de vie à trépas.

— Le manque de nouvelles... depuis si longtemps !

Ce fut Des Garennes qui dit cela. Sa femme réfléchissait profondément. Jusqu'alors, M. Stephen Williams n'avait rien avancé qui pût faire préjuger la question du savoir si le prétendu frère était pauvre ou riche.

La grande question cependant, celle-là ! *To be or no to be!*

Avant que cette question majeure fût

résolue, l'incomparable Julie n'avait garde de se prononcer.

— Il ne vous a jamais écrit, n'est-ce pas ? reprit l'employé de la maison Peter Bristol. — Ah! ah! c'est que celui-là aussi est un drôle d'original !

Cette assimilation implicite entre le frère ressuscité et l'opulent banquier de Boston mit un éclair dans les yeux de la châtelaine.

— Monsieur Stephen Williams, dit-elle, ne nous a pas encore parlé de la position... La personne qui selon lui serait le frère de mon mari, est-elle dans une situation honorable ?

— Qu'entendez-vous par là ? demanda le commis, qui la regarda en face.

—J'entends... favorable...

— Ce qui veut dire?

—Eh mon Dieu! monsieur, aisée.

—Quant à cela, repartit Stephen Williams, — il est plus pauvre que Job!

La physionomie de madame Des Garennes changea aussitôt et ses sourcils se froncèrent.

—On n'entend parler que d'imposteurs! dit-elle avec dédain.

Stephen Williams se tourna vers le mari.

—C'est que véritablement, reprit-il, — le malheureux a un air de famille avec M. Des Garennes.

Celui-ci semblait lutter contre son émotion.

—Mon Dieu ! s'écria la châtelaine, rien de plus commun que ces ressemblances fortuites !

— Plus je vous regarde, interrompit l'Américain en posant ses deux mains sur les épaules de Des Garennes, et plus je suis frappé...

—Eh bien ! eh bien ! fit Des Garennes dont le cœur parlait cette fois, — si mon frère existe encore, que Dieu soit béni !

La châtelaine haussa les épaules et se leva en repoussant son siége. Elle gagna la galerie.

—Ceci dure trop ! pensait-elle.

—Baptiste ! reprit-elle entre haut et bas, en s'adressant au domestique qui veillait dans l'antichambre, — laissez entrer tout le monde.

Quand elle revint, Stephen Williams disait à son mari :

—Vous êtes un brave homme !

— Moi, monsieur, répliqua-t-elle, — j'espère n'être point une méchante femme. Mais j'ai peu de foi dans ces aventures qui sont du domaine de la comédie, et je voudrais savoir sur quel fondement...

Baptiste avait ouvert les deux portes de la galerie, au moment où l'Américain ouvrait la bouche pour répondre, la vieille dame Richard parut à la porte de droite avec Morin ; presque aussitôt après, à la porte de gauche, Roland se montra suivi de Toinette.

L'aïeule et le jeune homme jetèrent à l'intérieur de la chambre ce même regard timide et embarrassé des gens qui ont la conscience de leur peu de crédit; quand ils virent M. et madame Des Garennes en conférence avec un étranger, ils n'osèrent avancer ni l'un ni l'autre.

— Allons, ma bonne dame, murmura Morin, — un peu de courage!

Toinette disait tout bas à Roland :

— Vous savez si bien parler qu'on vous écoutera.

Maman Richard branla sa tête grise.

— Mon pauvre Morin, dit-elle avec un soupir, — si tu ne comptes que sur mon influence...

— Je veux bien essayer, ma pauvre petite Toinette, répondait de son côté Roland, — mais je n'espère pas réussir.

Ils firent un pas et s'arrêtèrent de nouveau, parce que l'étranger prenait la parole.

Les Des Garennes et Stephen Williams avaient le dos tourné ; ils n'avaient vu ni maman Richard, ni Roland, ni leurs protégés.

— Je vous fournirai les renseignements les plus détaillés, disait Stephen Williams, répondant à la châtelaine. — Comprenez bien, nous avons un intérêt direct à éclaircir cette affaire-là, et je ne vous en parle pas pour mon plaisir. Nous lui avons prêté de l'argent à cause du nom qu'il porte.

— Voilà le fin mot ! s'écria madame Des Garennes. — De l'argent, j'en étais sûre !

— Ma foi, madame, répliqua l'Américain, il est venu chez nous, à Boston, nous dire : Je m'appelle Jean Richard...

— Jean Richard ! répéta la vieille femme qui se prit à trembler.

— Le nom de mon père ! pensa Roland tout ému.

— Va, Toinette, va, ma fille, ajouta-t-il en la repoussant hors du seuil, je ferai de mon mieux, je t'en donne ma parole...va !

Toinette avait reconnu dans l'étranger son chevalier errant; elle s'éloigna bien à contre-cœur, gardant l'idée qu'il allait se passer là quelque chose d'extraordinaire.

Maman Richard avait aussi congédié l'aubergiste en lui promettant de parler pour lui.

— Ce n'est pas moi qui ai inventé le nom, peut-être ! poursuivait Stephen Williams ; — ce Jean Richard m'a paru être un homme de quarante ans à peu près...

— Son âge ! pensait la pauvre mère ; — ce serait bien son âge ! Ah ! s'il m'était donné de le revoir avant de mourir !

Elle s'appuya faible contre le montant de la porte. — Roland se tenait toujours à l'écart derrière la balustrade de la galerie.

— Je dois ajouter, poursuivit l'Américain, — que tous les renseignements qu'il nous a fournis, là-bas, sur votre famille, se trouvent être de la plus entière exactitude.

— Cela prouve peu, dit la châtelaine ; — nous sommes assez connus et nous ne cachons point notre vie.

— Il nous a parlé, reprit encore Stephen Williams, de votre vieille mère, madame Richard...

Celle-ci appuya ses deux mains contre son cœur.

— Et de ce jeune homme, son fils, M. Roland.

Sans se rendre compte de ce qu'il faisait, Roland se mit à genoux derrière la balustrade.

— Et la conclusion, monsieur? dit madame Des Garennes avec impatience.

— La conclusion, la voici : comme il était sans ami, sans asile, sans pain et tout nu...

Il s'arrêta comme à dessein.

Maman Richard et Roland ne respiraient plus.

— Vous lui avez ouvert votre caisse? demanda la châtelaine.

— Nous avons eu pitié de lui, prononça lentement Stephen Williams.

Des Garennes lui toucha la main à la dérobée et murmura :

— Vous avez bien fait !

Il avait parlé tout bas, mais Roland et maman Richard l'entendirent.

— Que Dieu te bénisse, toi, mon fils Thomas ! pensa la vieille femme en pleurant.

Roland fit un mouvement comme pour s'élancer vers son oncle et lui rendre grâces. Il fut arrêté par la voix sèche et ironique de la châtelaine qui reprenait :

— A merveille ! Désormais le premier

intrigant venu pourra s'introduire chez nos correspondants et puiser à pleines mains dans leur caisse !

—Mais ma bonne amie... fit Des Garennes timidement.

— Je sais ce que je dis, monsieur ! interrompit la châtelaine. — Personne ne peut avoir la prétention de chérir sa famille plus tendrement que moi. Je me mettrais au feu pour nos parents, et ils le savent bien... mais je ne puis tolérer certaines manœuvres.

Elle se retourna brusquement vers Stephen Williams.

— Combien avez-vous prêté d'argent à cet homme ? demanda-t-elle.

— Une centaine de livres.

— Sterling?

— Oui, sterling... en plusieurs fois... Cinq cents dollars, à peu près.

— Deux mille cinq cents francs, supputa madame Des Garennes. — C'est énorme!

— Cependant, ma bonne amie, dit le mari avec un peu plus de fermeté, — si c'est mon frère?...

— Eh! monsieur, ce n'est pas votre frère! D'ailleurs, dans le doute, il faut s'abstenir.

— Les philosophes l'ont écrit, prononça gravement Stephen Williams, — et ce doit être une excellente règle de conduite. Je vois que c'est à madame qu'il faut s'adresser pour avoir des réponses sérieuses. Ne m'en veuillez donc pas, belle dame, si j'insiste, et si j'épuise tout à fait la question. Au cas où ce Jean Richard, intrigant ou non, se présenterait de nouveau à nos bureaux, sommes-nous autorisés à continuer nos avances ?

— Peut-être... fit vivement Des Garennes; — en supposant...

La châtelaine lui coupa encore une fois la parole.

— La demande est nette, dit-elle, — la réponse doit être nette. Moi je réponds : non !

Maman Richard leva au ciel ses yeux pleins de larmes, tandis que Roland changeait de couleur et détournait la tête.

— Alors, reprit Stephen Williams sans s'émouvoir, il est bien entendu qu'il faudrait le laisser mourir de faim?

Des Garennes fit un mouvement.

— On ne meurt pas de faim! — s'écria la châtelaine; — qu'il s'adresse à nous, s'il veut.

— Il y a loin de Boston jusqu'ici, belle dame.

— Qu'il fasse... enfin qu'il s'arrange!

— Cela suffit, dit Stephen Williams, qui

tira son carnet; — je prends bonne note de vos instructions.

Il mouilla sa mine de plomb et se mit à écrire.

Des Garennes fit un pas vers lui; il avait de la sueur au front.

— Monsieur... commença-t-il.

— La châtelaine lui saisit le bras. Son geste fut celui d'un homme.

— Nos parents nous attendent, mon ami, prononça-t-elle d'un accent impérieux.

Puis en baissant la voix :

— Négligerons-nous notre famille tout

entière pour un pareil personnage?... Monsieur Stephen Williams, ajouta-t-elle tout haut et en souriant, — voudra bien nous excuser...

— Comment donc, belle dame ! fit l'Américain, qui salua jusqu'à terre.

— Je voudrais savoir, dit M. Des Garennes en désordre, et risquant pour la première fois de sa vie un semblant de résistance, — je voudrais savoir...

— Quoi? demanda Stephen Williams, qui le couvrait de son regard fixe.

— Ce que vous avez écrit sur votre carnet.

Stephen Williams ne répondit point,

mais d'un mouvement brusque, il mit ses tablettes sous les yeux de M. Des Garennes.

Il n'y avait qu'une seule ligne au milieu d'une page blanche, et Des Garennes lut tout haut :

« Jean Richard, condamné à mort. »

Il chancela et mit ses deux mains à son front. — La châtelaine jeta sur Stephen Williams un regard de vipère.

— Nous vous paierons ce que vous avez avancé, monsieur, dit-elle, mais votre effet de théâtre a manqué absolument : nous avons nos pauvres.

Elle entraîna son mari, incapable de

résister, et referma la porte avec bruit.

Stephen Williams était resté à la même place. La physionomie de cet homme était un livre fermé qui disait bien rarement toute sa pensée. — Au moment même où M. et madame Des Garennes disparaissaient, maman Richard et Roland s'élancèrent à la fois hors de la galerie. — En voyant entrer sa grand'mère, Roland s'arrêta et attendit.

— Monsieur, monsieur ! s'écria la vieille femme, qui pouvait à peine parler, — je suis sa mère !

Stephen Williams se retourna ; un tressaillement imperceptible avait parcouru tous ses membres.

La bonne femme lui prit les deux mains.

— La mère de ce pauvre Jean Richard dont vous avez parlé, poursuivit-elle. — Vous entendez bien : sa mère!... J'ai un petit peu d'argent là-haut... Attendez-moi, je vais aller le chercher.

Elle n'en dit pas plus long ; elle se dirigea en chancelant vers la porte qui donnait sur les appartements intérieurs, allant du plus vite qu'elle pouvait.

Stephen Williams, muet et immobile, la suivait du regard ; avant de passer le seuil, elle se retourna, et dit avec un sourire plein de larmes :

— Vous êtes bon... Que Dieu vous rende

ce que vous avez fait pour mon fils Jean !...
Attendez-moi... attendez-moi !

Roland était au côté de Stephen Williams.

— Du fond de mon cœur, je vous dis moi aussi : Que Dieu vous le rende, monsieur ! prononça le jeune homme d'une voix altérée ; — je suis le fils de Jean Richard.

Il ouvrit le revers de sa veste de chasse et prit dans son sein deux billets de mille francs.

— Je n'ai que cela au monde, poursuivit-il ; — oh ! si j'étais riche !... mais enfin, tenez, prenez tout, — et dites-lui que son fils l'aime bien !

Stephen Williams avait d'abord jeté un regard avide sur ce beau jeune homme à la figure ouverte et si franche. Aux premières paroles de Roland il avait baissé les yeux et maintenant il semblait hésiter.

— Refusez-vous de remplir ma commission? demanda Roland avec inquiétude.

Stephen Williams prit les deux billets sans relever les yeux sur lui.

— Non, dit-il, en retrouvant tout à coup la froideur impassible de ses traits et de son accent, — je ne refuse pas, jeune homme... mais service pour service.

— Il alla s'asseoir à une table, pendant que Roland répondait :

— Monsieur, je suis à vos ordres.

Stephen Williams déchira une page de ses tablettes et traça quelques lignes à la hâte.

— Il y a non loin d'ici, poursuivit-il, — à l'auberge du Cheval-Blanc, un homme nommé Robinson ; je voudrais qu'il eût ce billet avant une demi-heure.

— Je le lui porterai moi-même, dit Roland qui prit le papier.

— C'est bien, je compte sur vous.

On entendait les pas mal assurés de maman Richard dans le corridor. Roland s'éloigna en disant :

— Je monte à cheval et je pars au galop.

— Voilà tout ce que j'ai ! dit maman Richard en montrant, dès le seuil, ses deux billets de mille francs ; — prenez, monsieur, c'est bien peu, hélas ! c'est trop peu !... Mais vous lui direz que sa pauvre vieille mère n'a jamais cessé de penser à lui et de prier pour lui la nuit et le jour... et que s'il a faim encore, le malheureux enfant...

Elle s'interrompit ; sa voix s'étouffait dans les larmes.

— Qu'il revienne ! reprit-elle, — qu'il revienne auprès de sa mère dont le dernier morceau de pain sera pour lui !

Elle tressaillit et passa le revers de sa main sur ses yeux.

— Je les entends, dit-elle en prêtant l'oreille au bruit du dehors. — Je ne veux pas rester ici... Monsieur, je voudrais vous prier d'une chose : embrassez-le pour moi, mon Jean... mon pauvre cher enfant !... Le ferez-vous ?

Il y avait tant de touchante inquiétude dans ces derniers mots, que personne n'aurait pu les entendre sans émotion.

Stephen Williams répondit avec une respectueuse froideur :

— Je le ferai, madame.

Maman Richard s'inclina sur sa main

qu'elle mouilla de pleurs et s'en alla en murmurant : Merci.

Comme la première fois, Stephen Williams la suivit du regard. Quand elle eut passé le seuil, les muscles de ce visage de bronze se détendirent tout à coup : vous eussiez dit un autre homme.

Il y avait là une émotion profonde et sans bornes.

Stephen Williams se laissa choir sur le fauteuil qui était auprès de la table. Sa tête se pencha sur sa poitrine. — Il resta longtemps ainsi, absorbé en lui-même. — Puis il releva ses yeux qui étaient humides et garda les quatre billets de banque épars sur la table.

Il les saisit, tandis qu'un sanglot soulevait sa poitrine, et il les pressa contre ses lèvres avec une sorte de tendresse recueillie.

— Dignes cœurs! dignes cœurs! murmurait-il d'une voix tremblante ; — oh! le saint et grand amour des familles! Quels monceaux d'or pourraient peser dans la balance autant que l'obole du fils et de la mère!...

CHAPITRE DOUZIÈME

—

GAITÉ-RICHARD,

Pendant que Stephen Williams, resté seul au salon, se livrait, en contemplant le denier de la veuve et de l'orphelin, à ces méditations sentimentales dont nous ne l'aurions point cru capable, le bouquet des

Richard dispersait ses mille fleurs sur les perrons et les terrasses. Ils riaient tous ces Richard, à gorge déployée; ils parlaient haut comme des gens qui se sentent le droit de faire du bruit dans le monde. Pour que l'Américain ne les entendît point, il fallait que sa préoccupation fût bien grande.

Il était là, toujours revêtu de son costume excentrique, portant toujours sa barbe d'apôtre, comme avait dit M. Des Garennes; mais l'émotion profonde et concentrée avait tellement changé l'expression de son visage, que Du Guéret, le petit veuf, possesseur du tilbury à ressorts contrariés, à timon brisé compensateur, — système Spindler, — aurait eu peine à reconnaître en lui le terrible Robinson, maître de Vendredi.

— Moi, j'ai mon franc parler, disait Du Taillis au bas de la terrasse : — je trouve que les Des Garennes nous reçoivent assez sommairement!

Madame Des Jardins, épouse de M. Richard Des Jardins, membre de plusieurs sociétés et descendant direct de Richard Cœur-de-Lion, se pinça les lèvres et dit avec dépit :

— Quand la cousine Des Garennes vient à la maison, je trouve le temps de lui tenir compagnie, n'est-ce pas, Trésor?

Trésor était une grande fille maigre qui descendait aussi directement de Richard

Cœur-de-Lion, et qui se nommait Zélia Des Jardins.

On la redoutait pour son talent précoce sur le piano.

Trésor répondit en minaudant :

— Oui, petite mère mignonne.

Et ses regards ingénus allèrent chercher dans la foule des Richard le jeune Richard Des Sablons, substitut du procureur de la république.

— Je viens de l'apercevoir, la cousine Des Garennes, cria d'en haut le fils Massonneau, qui portait l'uniforme de l'École polytechnique ; elle s'est échappée par la tangente !...

Trésor cessa de lorgner le substitut pour tourner ses regards, pleins d'innocence, vers le jeune guerrier, qui portait les lunettes bleues de l'algébriste. Le petit cœur de Trésor n'était pas encore fixé.

Généralement, la famille Richard ne savait pas ce que c'était que la tangente, mais elle trouva le mot joli. M. et madame Massonneau aîné purent jouir du succès de leur héritier.

M. de La Luzerne, qui était le plus gai des Richard et qui faisait collection de calembours, tenait le dé de la conversation dans un groupe folâtre, composé de la tante Noton Richard de La Rivière, entrepreneuse de roulage, de mademoiselle Sophie Richard Des Baliveaux, de l'artiste

De l'Étang surnommé Pain-Sec, et de l'ancien avoué Massonneau aîné, époux de l'ex-Titine.

— Ma foi! dit La Luzerne, — si la cousine Des Garennes veille au rôti, tout est bien... ça me fait souvenir d'un mot d'Hortense, des Variétés...

— Celui-là ne voit que des comédiennes! interrompit Sophie Des Baliveaux en haussant ses épaules pointues.

— Et des comédiens aussi, rectifia de La Luzerne. — Savez-vous le mot que fit devant moi Grassot sur l'exposition de Londres?

— J'aimerais mieux manger que de savoir le mot de Grassot, murmura la tante

Noton à l'oreille de l'artiste, qui était de son avis.

La tante Noton était une bonne grosse femme bien portante et point précieuse ; on l'accusait de boire des verres de noyau entre ses repas.

— Vous connaissez : *qui trop embrasse, balai de crin?* fit La Luzerne ; — on a mis ça dans le *Journal pour rire*... c'est moi qui l'ai dit le premier dans le petit cabinet du fond chez Douix.... Nous étions Fanny, Flore, ce pauvre Alcide et moi : ce pauvre Alcide s'en donna les gants au foyer du Palais-Royal, mais le mot était bien de votre serviteur.

— Mon Dieu, disait plus loin madame

Des Jardins, dont les bas tiraient sur le bleu, — ne me parlez pas de ces campagnes cultivées ! La terre de madame Des Garennes peut être fort belle, mais je donnerais toutes les campagnes de la Beauce, de la Touraine et de l'Anjou pour le moindre paysage alpestre... Et toi, Trésor?

— Moi aussi, petite mère mignonne, répondit Trésor, j'adore les paysages alpestres !

— Chère enfant ! s'écria madame Des Jardins, — son imagination s'est beaucoup développée depuis deux mois : je l'ai changée de professeur de littérature. Ceux de nos amis qui s'y connaissent découvrent en elle le germe d'une vaste intelligence.

— Positif ! positif ! dit en s'approchant

le descendant de Richard Cœur-de-Lion, henreux père de Trésor.

Trésor se demandait, dans l'innocence de son jeune cœur, si elle aimerait mieux épouser le substitut en habit noir, avec son nez pointu et ses jambes maigres, ou l'élève de l'École avec son corset et ses lunettes bleues.

A vrai dire elle les trouvait bien agaçants tous les deux.

— Ma femme m'a dit, prononça en ce moment Massonneau aîné, qui était un vieillard simple et sans artifices, — que son cousin Hector lui avait dit qu'on disait qu'il y aurait deux pleines lunes dans le mois de juillet.

— Ravel a fait un mot là-dessus! s'écria de La Luzerne.

— Je vous demande, poursuivit la mère de Trésor, ce que ces campagnes cultivées disent à l'âme ?

— Ah! petite mère mignonne, elles ne disent rien du tout! soupira mademoiselle Zélia Des Jardins, tandis que son père appuyait en fourrant sa main sous son habit bleu :

— Quant à ça, positif! rien du tout! pas l'ombre de caractère! pas l'ombre!

— Alors tu n'aimes pas le froment, Des Jardins? demanda La Luzerne à haute et intelligible voix.

On put augurer qu'il méditait un calembour.

—Tu n'aimes, reprit-il en cherchant ses mots avec soin, ni les beaux champs, ni les bonnes prairies, ni le caractère du guéret, ni le caractère de la luzerne?

Cela venait bien, mais ce n'était pas tout; on s'approcha pour mieux entendre.

—Sais-tu ce que cela prouve? demanda le Richard célèbre par ses bons mots.

—Farceur! murmura Des Jardins qui craignait une épigramme, tu vas nous dire quelque chose de drôle!

—J'en suis bien capable! fit de La Luzerne en jetant à la ronde un regard triomphant; — cela prouve que tu es pour le caractère de la bruyère.

— Joli! fit Des Jardins en amateur; — positif!

Madame Augusta Massonneau aîné, l'ancienne Titine, ignorait complètement ce que c'était que La Bruyère; en conséquence elle poussa un éclat de rire retentissant. Son Massonneau idiot se serra les côtes de confiance, et la majorité des Richard, y compris la tante Noton et Sophie Des Baliveaux, suivant l'élan donné, se livra incontinent à une gaîté folle.

— Eh bien! protesta pourtant madame Des Jardins, ce genre d'esprit n'est pas du tout le nôtre, n'est-ce pas, Trésor? Nous aimons mieux une pensée sentimentale et attendrissante.

— C'est si gentil de pleurer, petite maman mignonne! soupira l'ingénue.

La Luzerne, debout et découvert, recevait les félicitations de ses partisans comme un orateur qui descend de la tribune.

On entendit la voix aigrelette de Du Guéret discutant devant la façade même du château.

— Il est arrivé, disait-il, — dans la propre voiture de Des Garennes.

— Toi, riposta la grosse voix de Du Taillis, tu veux toujours tout savoir!

— Le fait est, insinua Massonneau aîné, — que ma femme m'a dit qu'on lui avait dit...

— Que diable! interrompit le petit veuf aux cheveux jaunes, — je le tiens de Des Garennes lui-même! C'est parfaitement notre homme de l'auberge du Cheval Blanc; un Américain, je crois. Il a acheté des rentes à quatre et demi pour un million cinq cent mille francs.

— Six cent mille francs! rectifia Pain-Sec, qui s'avança d'un air dégagé.

— Acheté, je ne dis pas, fit Du Taillis incrédule, — mais payé.

— Payé comptant! acheva Du Guéret.

— A d'autres!

— Eh pardieu ! messieurs, s'écria Pain-Sec, qui venait de coller son œil aux carreaux du salon, — vous pourrez l'interroger lui-même, car le voilà !

Une demi-douzaine de Richard s'élancèrent aussitôt vers la fenêtre : la plupart d'entre eux connaissaient déjà vaguement l'histoire excentrique du déjeûner de Robinson.

— Tout beau, petit veuf ! dit l'artiste en riant ; — ne t'approche pas de si près... peut-être que fantaisie va lui prendre de t'administrer encore un brin de correction.

Du Guéret, qui touchait presque à la

porte, se retourna d'un air indigné et toisa Pain-Sec.

— Tu parles avec bien de l'aplomb pour un homme de ta sorte! dit-il sévèrement.

— C'est que c'est vrai! s'écria Du Taillis. — As-tu fait fortune depuis ce matin? Tu n'as pas encore digéré notre bifteck et notre omelette, saqueurbleu!

L'artiste gardait son effronté sourire, bien que le flot des Richard grossit autour de lui.

— Moi qui ai trente-cinq bonnes mille livres de rentes au soleil, reprit Du Taillis, — nets d'impôts, et qui, Dieu merci, ne doivent rien à personne, c'est à peine si j'ai le verbe aussi haut que toi, freluquet d'artiste ! tu as trop d'aplomb.

—Moi, je me tirerais de là par un mot, pensa de La Luzerne.

Pain-Sec prit un air innocent.

— Voici le respectable Massonneau aîné, dit-il, en caressant le menton de l'ancien avoué, — qui est riche comme un puits et qui n'a pas d'aplomb pour dix centimes.

Massonneau rougit comme une jeune fille et balbutia :

— Ma femme m'a dit...

— Qu'on lui avait dit... ajouta Pain-Sec.

— Qu'on disait... reprit le pauvre bonhomme de la meilleure foi du monde.

Tous les Richard éclatèrent de rire, excepté madame Augusta, qui montra le poing à l'artiste, et l'appela vieux singe, comme au bon temps où elle était marchande de pommes.

Pain-Sec ne riposta point, par respect pour l'élève de l'Ecole polytechnique, mais il se vengea sur ses amphytrions du matin.

— Si vous étiez millionnaire comme Des Jardins, comme de La Luzerne, dit-il, sachant bien qu'il se faisait des amis de tous ceux qu'il nommait, — comme Des Garennes... si vous portiez l'uniforme comme le petit cousin Massonneau, ou la robe, comme notre jeune parent Des Sablons... Si vous étiez enfin comme beaucoup d'autres que je vois d'ici, je concevrais peut-être vos grands airs, monsieur Du Guéret; et vous, monsieur Du Taillis...

Pour le coup, ce scélérat d'artiste avait mis de son côté toute la famille.

— Mais de petits bourgeois tels que vous, reprit-il avec un dédain exagéré.

— Qu'est-ce à dire? s'écrièrent à la fois les cheveux jaunes et le nourrisseur.

L'artiste se drapa dans son vieux paletot; il parcourut des yeux l'assemblée et s'y vit soutenu.

— Veuf, continua-t-il en marchant sur Du Guéret, qui recula, — si tu fais du bruit, je vais dire à l'Américain de te manger !

On entendit gronder encore le rire collectif des Richard.

Pain-Sec mit la main sur le bouton de la porte.

— Vous savez, murmura-t-il en se tournant vers la foule, — qu'il s'appelle Stephen Williams à présent, au lieu de Robinson ?

— Je n'ai pas compris un mot de toute cette histoire ! dit madame Des Jardins.

— Il est toujours fameusement bel homme ! fit observer madame Augusta.

La partie féminine de l'assemblée, surtout, considérait avec une curiosité avide le romanesque étranger. Trésor, qui tenait par la robe sa petite maman mignonne, trouvait qu'il ressemblait à Fra-Diavolo, à Zampa et à Robin-des-Bois.

De tous côtés les voix masculines murmuraient ce chiffre imposant de seize cent mille francs.

Du Taillis et du Guéret, qui gardaient leur mauvaise humeur, pensaient seuls qu'il y avait bien du louche dans cette affaire.

— Qu'est-ce qu'il a donc dans la main? demanda Zélia Des Jardins.

— Je crois que ce sont des billets de banque, répondit le substitut.

— Positif! des billets de banque! ratifia le père de Trésor. — Cousu d'or, ce gaillard-là!

— Et voyez comme il a l'air triste, ajouta madame Des Jardins; — la fortune ne fait pas le bonheur!

Stephen Williams, objet de toute cette attention, ne disait rien, n'entendait rien; il ne se doutait pas que la famille Richard était là à le contempler comme le public qui fait haie devant les loges des bêtes fauves au jardin des Plantes.

— Si nous entrions, dit le naïf Massonneau; — ma femme m'a dit de faire sa connaissance, si toutefois j'en trouvais une occasion favorable.

— Mon cousin, s'écria Pain-Sec, toujours intrépide, — venez avec moi, je vais vous présenter!

Il tourna le bouton et fit son entrée en tenant l'ancien avoué par la main.

Du Guéret et Du Taillis le suivaient de près; les autres Richard prirent la file et le salon se trouva bientôt rempli.

Stephen Williams cependant restait aveugle et sourd; c'était sans doute un accès de manie américaine. — Comme nous l'avons vu, depuis l'arrivée des Richard au château, on s'était énormément occupé de l'étranger, quel que fût son nom, Robinson ou Stephen Williams. Les affaires de Des Garennes avaient toujours eu quelque chose de mystérieux ; on se vengeait des déférences accordées de mauvaise grâce à sa richesse apparente, en le mordant jusqu'au sang par derrière. La jalousie mesquine a sa divination comme la haine et comme l'amour ; on soupçonnait que ce Stephen Williams pouvait bien être une comète malfaisante destinée à éteindre l'étoile de Des Garennes dans le ciel des parvenus.

Les commérages avaient marché ; l'agent de change Gayet avait été rencontré à la station par quelque Richard habile à bâtir le château de cartes de l'hypothèse. — Quelque autre Richard de second ou de troisième ordre avait été boire le coup de l'arrivée chez les Morin, à l'auberge du Cheval-Blanc.

De manière ou d'autre, il est certain que ce mot de *manie américaine* circulait maintenant dans l'armée des Richard ; personne ne pouvait attacher à ce mot un sens précis : ce sont ces mots-là qui font fortune.

Quand nous disons personne, c'est une erreur. Du Guéret, le petit veuf, était persuadé que manie américaine voulait dire propension déréglée à mettre habit bas et à boxer les gens dans les salles à manger d'auberge.

En entrant dans ce salon, où l'étranger était tout seul, les Richard étaient travaillés par plusieurs sentiments contraires. Il y avait d'abord une curiosité immense, jointe à une sorte de religieux respect, inspiré par l'escompte de seize cent mille francs. Mais il y avait aussi le désir de garder le quant-à-soi et l'idée fixe de l'importance personnelle.

On hésitait à faire un pas en avant, bien qu'on brûlât de courir ventre à terre.

Il fallait, pour rompre la glace, l'artiste, cet espiègle en cheveux gris, qui n'avait point de préjugés.

— Monsieur, dit-il assez gaillardement, — voici le cousin Massonneau aîné...

Stephen Williams s'était relevé brusquement; il semblait sortir d'un rêve.

— Hein! fit-il en regardant autour de lui, — qu'est-ce que c'est que cela?

La famille Des Jardins, le substitut, la tante Noton et Sophie Des Baliveaux s'accordèrent à trouver qu'il avait l'air un peu fou. — Pain-Sec et l'ancien avoué s'étaient reculés instinctivement devant la fauve œillade de Stephen Williams ; ce mouvement avait démasqué Du Guéret et Du Taillis.

— Ah! ah! reprit l'Américain, qui se mit à sourire, ce sont, ma foi, mes compagnons d'auberge!

Ce sourire fit dans le salon l'effet d'un rayon de soleil. Toutes les figures se déridèrent.

— Petite mère mignonne, murmura Trésor, — aimes-tu sa barbe, toi?

— Il est de bonne humeur ! dit Du Taillis à Du Guéret.

Pain-Sec se sentait désormais un courage à toute épreuve.

— Ça va bien depuis ce matin ? demanda-t-il familièrement ; — je désirais vous présenter...

Il poussa Massonneau en avant, au moment où Stephen Williams l'interrompait pour répondre :

— Bon ! bon ! Moi, je désire avoir la paix !

Il se retourna, et Massonneau aîné salua profondément son dos.

— Du tout ! dit Du Guéret à Du Taillis. — Il est de mauvaise humeur !

Pain-Sec en fut quitte pour faire une pirouette, laissant le cousin Massonneau se débrouiller comme il pourrait! — Par malheur pour cet ancien avoué, sa femme, qui était de ressource, causait en ce moment avec M. de La Luzerne, homme gai, mais de mœurs faciles.

Massonneau ne bougea pas; ses gros pieds semblaient cloués au parquet; il restait là, un sourire honnête aux lèvres, les yeux fixés sur ce personnage dont sa femme lui avait ordonné de faire la connaissance.

On ne peut se figurer combien la conduite brutale et discourtoise de l'étranger le grandit tout à coup dans l'opinion des Richard. Les portefaix, aussi bien qu'ils ne soient pas millionnaires, se montrent assez souvent grossiers; mais un homme qui achète pour seize cent mille francs de rente et qui est plus grossier qu'un portefaix doit être pour le moins quinze à vingt fois millionaire, — calcul fait.

Un vent de gêne souffla dans le salon; les Richard se sentirent mal à l'aise; décidément, cet homme leur imposait. Tous, suivant leur nature, cherchèrent une contenance : Du Guéret, Du Taillis et Pain-Sec se rapprochèrent en ce moment solennel, et firent semblant de causer raisonnablement. Des Jardins proposa un cent de piquet au substitut, qui parla, sans motif, d'une audience qu'il avait eue naguère du garde des sceaux. La Luzerne, désolé d'avoir fait dehors son fameux mot : Caractère de La Bruyère, en cherchait un autre avec fièvre.

— Ma tante, dit l'élève de l'École, en avançant un siége à Noton, — je ne veux pas que vous gardiez plus longtemps la position perpendiculaire.

Trésor elle-même se glissa comme une couleuvre vers le piano, qu'on avait eu l'imprudence de laisser ouvert.

Enfin, tout le monde était surexcité, tout le monde agissait ou parlait, non point pour soi, ni même pour ses voisins, mais pour l'étranger, qui n'écoutait et ne voyait personne.

Dans ces grandes circonstances, le destin aveugle réserve parfois les premiers

rôles aux plus humbles. Il fut donné à Massoneau aîné de détendre la situation.
— Le brave homme, planté comme un mai au milieu du salon, fût resté là, immobile, jusqu'à la fin du monde, si une petite toux sèche, signal bien connu, ne l'eût fait tourner vers sa femme ses yeux éteints et atones.

Madame Augusta lui fit signe de rentrer dans les rangs.

Soit que Massonneau aîné n'eût pu voir le signe comme il faut, à cause de son col de chemise, qui lui trancha l'oreille; soit que, suivant son habitude, il eût compris à rebours, cet ancien officier ministériel, croyant obéir, fit un pas en avant, frappa sur l'épaule du redoutable étranger et lui dit :

— Voulez-vous causer avec moi?

Stephen Williams se retourna encore ; mais, cette fois, il ne rembarra pas le pauvre Massonneau aîné. La vue de cette figure placide et innocente l'avait subitement désarmé.

— Pourquoi pas? murmura-t-il ; — cela m'ôtera peut-être mes idées noires.

Vous eussiez entendu, tout autour du salon, vingt voix qui chuchotaient :

— Il a des idées noires !

Une personne véritablement fière, en ce moment, et qui avait bien sujet de l'être, c'était madame Augusta Massonneau aîné. Son mari, qui était à la queue de la famille, dans l'ordre normal, venait de se placer en tête tout à coup !

Massonneau passait sa langue sur ses lèvres et se frottait les mains débonnairement, tandis que Stephen Williams, éveillé, faisait l'inventaire de la compagnie. Naguère, on le contemplait à travers les carreaux comme un animal curieux, et c'était à son tour d'admirer cette ménagerie Richard, qui n'avait point sa pareille en l'univers.

Il ne connaissait que l'artiste, le nourrisseur et les cheveux jaunes ; ce fut avec une véritable joie d'amateur qu'il promena ses regards sur le reste de la tribu, depuis la tante Noton, rouge et courte, jusqu'à Sophie Des Baliveaux, jaune, haute sur jambes, et portant sa figure de casse-noisette au fond d'un entonnoir de fleurs.

Il apprécia Des Jardins, vrai père noble de théâtre : front étroit, longues oreilles, large poitrine au plein de son gilet blanc, et si loyalement gonflé de son importance qu'on était tenté de la lui pardonner ; madame Des Jardins, femme digne, ayant l'emphase de l'amour maternel et la passion des choses élevées, bas-bleu bourgeois, qui avait dit une fois, sincèrement et noblement, dans je ne sais quel salon, dont elle restait la fable depuis ce temps-là : « Certes, il est flatteur de compter parmi ses ancêtres un roi d'Angleterre ; mais j'aimerais bien mieux descendre de Voltaire ou de Rousseau. »

Elle descendait d'un brave homme qui

vendait des recoupes de draps sous les piliers de la halle, et qui ne savait pas lire.

Entre ce père et cette mère, si remarquables, Stephen Williams distingua Trésor. Ne faut-il point enfin esquisser le portrait de cette aimable personne ? L'Américain trouva qu'elle ressemblait à une de ces poupées qu'on n'a pas pu vendre au premier jour de l'an, et qui restent en magasin pour l'année suivante : grands yeux immobiles et luisants, sourcils tracés au pinceau, nez ébauché, bouche en cœur, luminure un peu coulée.

Mais elle aimait tant les paysages alpestres, et disait si bien : Petite maman mignonne !

Positif ! c'était une jeune fille accomplie.

Stephen Williams ne négligea point la superbe Augusta, forte et menaçant l'embonpoint, qui tenait sous son joug l'honnête Massonneau aîné. Augusta n'était point méchante; Elle aimait à voir les beaux hommes, dédaignait l'orthographe dans sa correspondance, et faisait en parlant, quand elle voulait produire de l'effet, quelques liaisons dangereuses.

Mais La Luzerne! Ah! ah! le joyeux garçon! Quel bon petit ventre à breloques! quelle tête à vaudevilles! La Luzerne! La Luzerne! Mécène éclairé de tous les comiques de la capitale, amant de toutes les Déjazet à la suite, un gros garçon charmant, une chanson du Caveau incarnée. Le champagne et l'amour!...

Puis le jeune Massonneau, portant cet

uniforme savant et ces lunettes bleues qui comptent parmi les gloires de la France ;— puis Des Sablons, son rival dans les rêves ingénus de Trésor ; — puis d'autres Richard encore, le fretin des Richard, des papas, des mamans, des garçons et des filles, tous jolis, tous marqués au bon coin, tous Richard !

CHAPITRE TREIZIÈME

—

MANIE AMÉRICAINE

Stephen Williams était émerveillé.

— De quoi allons-nous causer? demanda-t-il, en reposant ses regards fatigués d'admiration sur la figure heureuse de Massonneau aîné.

— Ma femme… commença celui-ci.

Mais Pain-Sec avait vu l'issue entr'ouverte ; il était déjà en tiers.

— Ah ! ah ! s'écria-t-il, — vous avez donc des idées noires, monsieur Stephen Williams ?

— Comme de l'encre, répondit l'Américain.

— La manie américaine, peut-être ? fit Du Taillis, qui s'avançait à son tour.

Stephen Williams se tourna vers lui.

— Vous avez entendu parler de cela ? demanda-t-il en fronçant le sourcil.

La famille Richard avait fait un mouvement pour se rapprocher ; elle s'arrêta soudain devant ce froncement de sourcil, comme l'Olympe de Virgile, quand Jupiter lève le doigt. Du Taillis eut sa toux retentissante et profonde.

— Eh bien! oui, reprit Stephen Williams, dont le courroux naissant se changea en tristesse, et qui passa le revers de sa main sur son front,— c'est la manie américaine.

Il y eut un murmure, et le cercle commença de se faire autour de l'étranger ; la curiosité générale était à son comble.

— Petite maman mignonne, demanda Trésor, — veux-tu me dire ce que c'est que la manie américaine ?

Tout le monde eut voulu adresser pareille question à l'étranger lui-même ; mais chacun hésitait.

Ce fut encore Massonneau qui montra le plus de vaillance.

— Ah! diable! ah! peste! fit-il; — vous avez cette manie-là? Ma femme ne m'en a jamais ouvert la bouche... Je serais bien flatté de savoir ce que c'est.

— Dieu vous garde de l'apprendre jamais par expérience! dit Stephen Williams d'un air sombre.

Pour le coup toutes les oreilles se tendirent; on put voir les Richard importants, Desjardins lui même et de La Luzerne écouter comme de simples Richard au boisseau.

— Messieurs, poursuivit l'étranger; — vous désirez savoir quelle étrange maladie est désignée par ces mots : Manie américaine... C'est tout bonnement le spleen transatlantique, qui est aussi différent du spleen anglais que l'Océan sans bornes est différent de la manche étroite..... C'est la grande fièvre de la destruction, ajouta-t-il en promenant son regard farouche sur le cercle, qui frémissait déjà... C'est l'engouement de la mort... C'est la passion du suicide!

Les Richard mâles s'entre-regardèrent ; les dame Richard eurent ce frisson qui n'est pas dépourvu de charmes et qu'on achète fort cher au spectacle.

A le considérer bien, cet étranger au front pâle, à la barbe longue et soyeuse, avait, en effet, quelque chose de fatal, théâtralement parlant.

—Et ça se gagne-t-il cette indisposition-là ?..... demanda Massonneau aîné, pris d'inquiétude.

Du Taillis et Du Guéret haussèrent les épaules ; leur connaissance avec l'étranger datait déjà de plusieurs heures ; cela leur donnait des droits.

—Tout me déplaît, reprit Stephen Williams, en changeant de ton et en prenant cet accent dégagé qui fait tant de mal dans la bouche des désespérés ; — je n'ai de goût à rien : voilà ma maladie. Je n'aime ni ne hais ; le travail me fatigue, le plaisir m'énerve. J'ai essayé de tout : le champagne me semble amer, les hommes ennuyeux, les femmes maussades...

— Ah ! interrompit Massonneau aîné, — si vous faisiez la connaissance de la mienne.

La superbe Augusta lui imposa le silence, mais ce fut en souriant.

— Il y aurait longtemps, poursuivit Stephen Williams, bien longtemps, messieurs, que je me serais soustrait à ce martyre intolérable... car enfin il suffit pour cela d'un coup de pistolet dans le crâne... Sans un obstacle, qui m'a toujours arrêté.

Pain-Sec n'avait pas parlé depuis dix minutes.

— Voyons l'obstacle ! s'écria-t-il.

Stephen Williams fut quelques secondes avant de répondre ; puis il prononça lentement :

— Je suis riche, et je n'ai pas d'héritier.

Les Richard crurent avoir mal entendu.

— Etonnant ! fit M. Des Jardins. — Positif !

Du Taillis, Du Guéret et l'artiste disaient à leurs voisins :

— Dès ce matin nous avions deviné qu'il n'avait pas la tête à lui.

Stephen Williams se redressa tout à coup.

— Cela vous étonne ! reprit-il avec une inflexion de voix étrange ; — selon vous, il vous serait plus difficile d'en finir avec la vie, si l'on avait près de soi une personne aimée... une femme, un fils, une sœur, que sais-je? tout ce que je n'ai pas! Mais nous ne sommes pas faits comme vous, là-bas. Si je trouvais un héritier aujourd'hui, je serais délivré demain.

Ses yeux parcouraient le cercle des Richard avec une sorte d'agitation fébrile.

Cherchait-il un héritier?

Cette idée, invraisemblable au premier abord, s'infiltra peu à peu dans l'esprit des Richard, qui commencèrent à se jeter mutuellement des regards sournois et inquiets.

Absolument comme au jour où ces mêmes Richard s'étaient rencontrés en face de la succession ouverte du vieux libraire.

Il y a des choses qui sont extravagantes et qui se casent tout naturellement parmi les réalités les plus plates. A tout âge, un Richard, esprit fort, du reste, est capable de croire aux miracles, à la féerie, à l'impossible, quand il s'agit de succession.

Cet homme cherchait un héritier, c'était lui-même qui le disait : voilà le fait acquis, la chose certaine. *Trahit sua quemque voluptas*, a dit Virgile, pourquoi n'y aurait-il pas des Américains qui courent le monde en cherchant un légataire?

Au bout de trois minutes, les plus sages Richard se déclarèrent à eux-mêmes que la chose était toute simple.

Et un sourire charmant éclaira subitement tous les visages; les dames et les demoiselles arborèrent la grande amabilité des jours d'*extra;* les messieurs prirent leurs avantages; il s'agissait d'une lutte sérieuse.

— Eh bien! dit Massonneau aîné, mettant du premier coup son gros pied dans le plat, — je vous en trouverai un, moi, si vous voulez, un héritier!

Stephen Williams poussa un profond soupir et leva les yeux au ciel.

— Notre cher cousin ne sait pas, dit le petit veuf avec dédain, qu'il y a héritier et héritier!

— Quand on veut un bon héritier.... ajouta Du Taillis, en adoucissant sa basse-taille.

— Un héritier comme il faut... reprit Des Jardins, d'un air capable.

De La Luzerne plaça son mot, le substitut aussi ; la tante Noton et Sophie Des Baliveaux ne restèrent pas muettes.

— Enfin, s'écria Pain-Sec, en clignant de l'œil à l'adresse de Stephen Williams ; — un héritier parfait, quoi donc ! Cet heureux phénix est encore à trouver !

— D'autant mieux, poursuivit l'Américain, avec une gaîté bien susceptible de faire évanouir les derniers doutes, — d'autant mieux que je me suis posé à moi-même certaines conditions. Ma folie, si c'est une folie, et je ne tiens pas à prétendre le contraire, ma folie raisonne comme la logique la plus serrée. Je ne veux pas le premier héritier venu.

— Je conçois cela ! s'écria le cœur des Richard.

— Je veux un héritier rassis, continua l'Américain ; — un homme un peu sorti de la foule... un homme à son aise, surtout, pour que son empressement ne me semble point dicté par un cupidité vile.

— Saqueurbleu ! par exemple, vous avez raison ! interrompit Du Taillis avec feu.

Et tout le monde répéta :

— Vous avez bien raison !

Chaque Richard, cependant, faisait son examen de conscience, et chaque Richard s'avouait qu'il remplissait parfaitement le but de l'Américain.

Tandis qu'ils étaient là, cherchant le moyen de faire pénétrer leur conviction dans le cœur de Stephen Williams, Massonneau aîné, après avoir pris de loin l'avis de sa femme, vint s'asseoir sans façon à côté de l'Américain. Il le couvrit en quelque sorte de son corps, pour l'avoir à lui tout seul et débuta ainsi :

— Je m'appelle Massonneau aîné (Aristide-Auguste-Achille), trois prénoms qui commencent par un A. Mon épouse s'appelle Augusta, prénom qui commence par un A et qui fini par un A.... Trouvez-vous ça curieux ?

— Très curieux, répondit Stephen Williams.

— Qu'est-ce qu'il raconte, ce bonhmme! gronda de La Luzerne, sans calembour aucun.

— Il intrigue, fit Du Guéret.

— Saqueurbleu! c'est répugnant! reprit Du Taillis.

Et Des Jardins ajouta :

— Positif! répugnant!

— Vois, ma fille, disait madame Des Jardins à Trésor, vois ce dont les hommes sont capables pour quelques parcelles de ce vil métal!.....

— Ah! petite mère mignonne, fredonna Trésor, — quant à moi, la fortune importune me paraît sans attrait....

Massonneau aîné continuait de parler à Stephen Williams, qui se leva en riant. Les Richard ne purent profiter de ce mouvement, car Massonneau s'empara aussitôt du bras de sa victime.

— Il se colle à lui comme une huître! fit de La Luzerne indigné.

— N'ayant pas, disait l'époux de la superbe Augusta, qui se révéla éloquent en ce jour solennel, — n'ayant pas, monsieur, l'avantage d'être connu de vous, je crois utile, pour l'objet qui nous occupe, de vous apprendre que je suis ancien avoué...

présentement homme politique. Ma femme l'a voulu, ou plutôt l'a désiré. Ma femme est cette femme de belle taille et de figure imposante que vous voyez là-bas, et à qui je vous présenterai.... Mes opinions sont modérées quoique suffisamment avancées. Je comprends assez bien l'état de la question, et je crois que, si l'on pouvait réformer la société, sans modifier aucune des choses qui existent.... Vous m'entendez bien?... c'est une clef qui est à moi!... Quant à la fortune, j'ai vendu ma charge cinq cent mille francs.

— Avez-vous quelque chose dans la maison Des Garennes? demanda l'Américain.

— Vingt mille écus, à peu près... Vou-

lez-vous que je vous présente à ma femme?
Vous n'en serez pas fâché.

Ils arrivaient au bout du salon. Dans le mouvement qu'ils firent pour se retourner, le vieux Massonneau, peu ferme sur ses jambes, laissa un petit jour entre lui et l'Américain. Par cette fente, Pain-Sec se glissa comme une anguille, et substitua délicatement son bras à celui de l'ancien avoué.

— Pas fâché... continuait celui-ci; — c'est une femme qui....

— Eh bien! eh bien! s'interrompit-il, — Ah! monsieur de l'Étang, ce n'est pas gentil de votre part!

Il voulut se cramponner à l'autre bras,

mais deux ou trois Richard lui barraient déjà le passage.

Dans sa détresse, il regarda sa femme. La superbe Augusta posa son doigt sur le bout de son nez, d'un air qui voulait dire : Quand nous serons seuls, tu me payeras ta maladresse !

Massonneau, vaincu et accablé, alla cacher sa honte au dernier rang des Richard.

— Ce vieillard, dit l'artiste à Stephen Williams, — a l'air d'un parfait idiot au premier abord, mais il ne faut pas s'y fier. Je ne prétends pas que ce soit tout à fait un chevalier d'industrie, mais...

— Bon ! fit Du Taillis en mordant ses

grosses lèvres ; — à Pain-Sec, maintenant!

— Ma parole! s'écria le petit veuf, — ils se figurent qu'ils vont enlever la succession comme cela!

— Dites donc, ajouta Des Jardins, qu'une manœuvre habile, mais dignement exécutée, mit au premier rang ; — si ce riche étranger veut un héritier à son aise...

Au lieu d'achever, il montra du doigt le vieux paletot de l'artiste. — Et tous les Richard de rire.

Pain-Sec était de ces animaux faciles à priver, qui mangent dans la main du premier coup. Il poursuivait en s'appuyant familièrement au bras de l'Américain :

— Je parie qu'il vous aura rebattu les

oreilles de sa femme... Sa femme ! toujours sa femme ! Regardez donc un peu : en a-t-elle bien l'air ! — Une parvenue, qui s'est accouplée à un parvenu : n'allez pas, croyez-moi, vous embourber là-dedans !

— Merci du conseil, dit Stephen Williams.

— A votre service ! D'abord je me sens porté pour vous étonnemment. Tout à l'heure vous avez prononcé le mot d'héritier. Les héritages, moi je m'en bats l'œil ; mais il y a des personnes qui aimeraient à laisser leur fortune à un artiste de réputation.

— C'est vrai. Vous êtes artiste ?

— Cher monsieur, répliqua Pain-Sec,

qui ne put s'empêcher de glisser un regard vainqueur vers le bataillon penaud des Richard, — je suis plus qu'un artiste, je suis une spécialité. Je fais la peinture sur verre ; j'ai mis cette branche importante de l'art moderne à la portée des intelligences les plus ordinaires. En douze leçons, — douze leçons pas davantage, — je procure un joli talent d'agrément à toute personne quelconque des deux sexes, même aux enfants âgés de moins de sept ans et dépourvue de tout élément de dessin. Ça vous paraît prodigieux, n'est-ce pas ? Eh bien ? Eh bien ! si vous pouviez prendre avec moi quelques séances, vous en retireriez beaucoup de fruit. J'irai plus loin : peut-être la maladie qui vous pousse au suicide céderait-elle devant la satisfaction que vous éprouveriez à colorier proprement des estampes qui pourraient faire l'ornement de votre demeure. Vous ne sauriez croire combien cela fait d'effet quand c'est encadré!... En peu de mots, je puis, du reste, vous donner une idée de la méthode : nous décalquons une gravure ou une lithographie sur un verre à vitre de grandeur convenable. C'est le fondement et la base de l'art. Nous prenons ensuite des couleurs à l'huile, et nous faisons, — suivez-moi bien, — nous faisons la lune, le linge, les agneaux, la neige et les lis, blancs; le gazon, les feuilles des divers végétaux, les persiennes et jalousies, les yeux des chats, les voiles des dames anglaises, verts; les troncs d'arbres, le chocolat, les vestes des villageois, les bêtes sauvages, les cheveux du sexe masculin, bitume ou terre d'ombre...

— Mais ça n'en finira donc pas! grinça le petit veuf.

— Ah! grommela Du Taillis, nous avons nourri un serpent avec nos bifsteacks et notre omelette!

Massonneau aîné méditait une nouvelle campagne; les dames Richard essayaient divers moyens d'attirer l'attention de l'étranger; Des Jardins et de La Luzerne causaient à haute voix, se renvoyant l'un à l'autre des paroles remarquables; le jeune Massonneau prenait une pose où son uniforme ne faisait point de plis; le substitut remontait le col de sa chemise, et la mère de Trésor découvrait, sans faire semblant de rien, le clavier menaçant du piano.

Stephen Williams écoutait l'artiste, sans donner aucun signe d'impatience ; aussi, Pain-Sec, sûr de son avantage, s'animait à vue d'œil.

— Les cheveux des jeunes filles, cher monsieur, continuait-il, — nous les faisons jaunes ainsi que les serins, l'astre du jour, les culottes de chamois, la monnaie d'or, les œufs sur le plat et les boules qui sont aux rampes des escaliers. Nous faisons les oncles gris, les biches de même et aussi les nuages ; nous employons le bleu pour les habits des pères de famille, l'eau des ruisseaux, le firmament et les toitures, — quoique l'ocre soit préférable si la maison est couverte en tuiles.

Il s'arrêta pour reprendre haleine; Stephen Williams ne bronchait pas.

— Le carmin, continua l'artiste, en donnant une certaine désinvolture à son accent, — nous sert à teinter les lèvres de la beauté et les feuilles de la rose; nous donnons une petite pointe de vermillon aux joues des grosses mamans : voyez la tante Noton, — et aux nez des propriétaires : exemple, le cousin du Taillis.

Ceci fut une imprudence; le nourrisseur entendit son nom et s'approcha aussitôt.

— Le feu et le sang rouge ! cher monsieur, reprit d'un air sombre l'artiste qui vit le danger. — Mais le vin aussi, s'interrompit-il gaîment, — sauf le vin blanc, que nous faisons avec une idée de chrôme.

— Dites-moi, demanda en ce moment Stephen Williams, — avez-vous quelque chose dans la maison Des Garennes ?

Pain-Sec, pris au dépourvu, hésita ; puis, guindant sa courte taille jusqu'à mettre sa bouche dans l'oreille de l'Américain, il répliqua tout bas :

— Je ne le dis qu'à vous : j'ai une quarantaine de mille francs.

Du Taillis venait de se planter à l'autre épaule de Stephen Williams.

— Quant aux constructions, essaya de poursuivre l'artiste, — c'est suivant les contrées et le goût des amateurs.

Mais il ne pouvait pas lutter contre la basse-taille du propriétaire.

— Quelque chose de fort agréable, monsieur Stephen Williams, dit celui-ci, *ex abrupto*, — c'est la Normandie, dans cette saison de l'année! J'habite, auprès de Domfront, une localité assez conséquente, et j'ai là trente-cinq bonne mille livres de rente d'une seule tenue. On n'est pas fâché, n'est-ce pas, monsieur Stephen Williams, de laisser sa fortune à quelqu'un qui a déjà de quoi?

— Ah ça, se disait Du Guéret, au comble du dépit, il n'y a plus que moi pour ne pas lui parler!... Tant pis! je me risque!

Il alla résolûment à la rencontre de Stephen Williams, qui revenait entre Du Taillis et Pain-Sec.

Ce fut comme un signal. A ce moment, tous les Richard s'ébranlèrent.

Du Guéret passa ses doigts dans ses cheveux, jaunes comme ceux que l'artiste faisait aux jeunes filles. Il avait de l'avance sur les autres Richard; il put saisir pour lui tout seul les deux mains de Stephen Williams.

— J'ai pu remarquer, dit-il avec un sourire véritablement aimable, — que quand deux personnes commencent par se quereller à la première vue, elles arrivent presque toujours à contracter une amitié solide. Vous avez voulu boxer avec moi ce matin, cher monsieur, cela est d'un bon augure ; permettez-moi d'espérer...

— C'est tiré de longueur ! pensa Pain-Sec.

— Quelle platitude ! se dit du Taillis.

— Si monsieur Stephen Williams a visité la capitale, commença l'austère Des Jardins, qui entrait décidément en ligne, — il a pu remarquer certain hôtel, placé, j'ose le dire, assez heureusement, à l'angle des rues de la Chaussée-d'Antin et de la

Victoire. Par-dessus les murailles de l'enclos, on aperçoit le feuillage touffu des grands marronniers. C'est dans ce frais asile que ma famille et moi nous goûtons le bonheur !

L'Américain salua M. Des Jardins comme il avait salué M. Du Guéret et M. Du Taillis.

— Ah ! ah ! s'écria le gai La Luzerne, — c'est dans ces polissons de théâtres qu'on trouve des Américains ! ils aiment à pénétrer dans les coulisses, les farceurs ! Moi, j'ai mes entrées un peu partout.

— Moi, je les ai beaucoup ! interrompit Du Guéret.

— D'après l'exposé sommaire que je

vous ai fait de mon art... commença Pain-Sec, pesant sur le bras gauche.

Du Taillis pesa sur le bras droit :

— C'est de venir me voir en Normandie! s'écria-t-il! bon logis, bonne table.....

— A pied et à cheval! acheva méchamment La Luzerne.

Il parvint à ravir au cousin Du Guéret une des mains de l'idole.

— Paris! Paris! Paris! fit-il par trois fois; — il n'y a que Paris!

— Ah! la vie de Paris! ajouta Du Guéret. — Vous devriez goûter à cela, monsieur Stephen Williams!

— Les femmes s'y mettent si bien ! dit la superbe Augusta, qui était la première du second rang.

— Les restaurants y sont si bien tenus ! appuya la tante Noton.

— Des omnibus à chaque pas! surenchérit Sophie Des Balivaux.

— C'est à Paris qu'est l'École polytechnique ! prononça le jeune Massonneau fièrement.

Le substitut plaida la cause du Palais-de-Justice.

— Allons, cher monsieur, reprit Du Guéret, — je m'offre à vous piloter, moi qui occupe une certaine position dans le monde fashionable.

— Je vous ouvre, ajouta de La Luzerne, la porte de derrière de tous les théâtres!

— Et s'il vous plaît de vous reposer dans une demeure honorable et tranquille, reprit Des Jardins, — je vous offre la mienne de grand cœur. Positif!

— Parbleu! fit Pain-Sec, — je ne m'oppose pas à ce qu'on vous emmène à Paris, moi: c'est à Paris que je peins sur verre!

— Allons à Paris, concéda le nourrisseur, — mais passons par la Normandie!

— Vous aurez une place dans mon tilbury, dit le petit veuf; — vous l'avez peut-être remarqué dans la cour, mon tilbury... système Spindler?

A dater de ce moment, on n'entendit plus guère ce que disaient les Richard. C'était une pluie d'offres gracieuses, une avalanche de propositions amicales. Les rangs s'étaient resserrés et mêlés ; une grappe de cinq à six Richard pendait à chacun des deux bras de Stephen Williams. Dix autres Richard se partageaient équitablement les dix doigts de ses mains. Il y en avait par devant, il y en avait par derrière, il y en avait à droite et à gauche : si les Richard eussent pu marcher la tête en bas, comme des mouches, il y en aurait eu au plafond.

Et tout cela s'efforçait, vantant sa marchandise, frappant d'estoc et de taille, pour conquérir la succession du vivant.

C'était la confusion des langues. Du Taillis lançait ses mots favoris : net d'impôts, franc parler, cœur sur la main. — Timon brisé, compensateur! répondait le petit veuf. — Un calembour affreux, lancé par de La Luzerne, éclatait au-dessus de la foule. — Pain-Sec, dont la voix était trop faible, glapissait avec désespoir, et M. Des Jardins rappelait, non sans émotion, qu'il avait dans son cabinet le portrait du fils naturel de Richard Cœur de Lion.

— Ma femme! ma femme!... commençait toujours Massonneau aîné, sans achever jamais.

La tante Noton, Sophie Des Balivaux et la superbe Augusta jetaient, dans le concert, des notes aiguës, et le tout était accompagné par un quadrille brillant, que Trésor, l'ingénue, fouettait sur le piano avec la méchanceté de son âge.

Stephen Williams y avait mis une bien belle patience, et peut-être avait-il ses raisons pour cela ; mais enfin, suffoqué, assourdi, à demi-fou, il leva la tête au-dessus de la cohue pour prendre sa respiration comme un homme qui se noie.

— Pour Dieu ! dit-il, — en voilà suffisamment... La paix !

Nous avons déjà comparé ce riche Américain à Jupiter ; il faudrait le comparer maintenant à Neptune, jetant le *quos ego* aux autans révoltés. Au son de cette voix souveraine, la tribu Richard rentra subitement en elle-même : Eurus Des Taillis se calma ; Notus Du Guéret perdit haleine ; Africus, Savonius, Aquilon, Auster rentrèrent dans leurs outres, et l'on fit un peu le vide autour du dieu.

— Ils sont ignobles ! murmura Du Taillis à son oreille ; — des parvenus !

A l'autre oreille, Du Guéret disait tout bas :

— J'ai honte pour eux, cher monsieur ; mais, que voulez-vous ? des parvenus !

— Il n'y a que des parvenus, grommela Pain-Sec par derrière, — qui soient capables de ces importunités effrontées !

Et de tous côtés, parmi les haussements

d'épaules dédaigneux et les pincements de lèvres plus méprisants que nous ne saurions le dire, on put ouïr le mot qui dominait le murmure général :

— Parvenus ! parvenus !

Jusqu'au moment où Massonneau, ayant réussi enfin à revenir à la surface, s'approcha de Stephen Williams et lui dit de son air supérieurement nigaud.

— Voilà une chose que ma femme ne peut pas souffrir : les parvenus !

CHAPITRE QUATORZIÈME

—

LA TRIBU DINE.

Il fallut la cloche du dîner pour arracher les Richard à leur proie. Une demi-heure auparavant, ils étaient tous dévorés d'une faim canine et accusaient l'absence des maîtres de la maison ; maintenant l'appétit avait disparu, ils auraient jeûné volontiers jusqu'au lendemain.

Chacun d'eux croyait fermement avoir conquis son Stephen Williams. Stephen Williams, au milieu de la bagare, avait en effet demandé à chacun d'eux la quotité de son apport dans la maison Des Garennes. Cette marque de confiance, que chaque Richard regardait comme lui étant particulière, avait, sans aucun doute, une signification : l'Américain n'avait-il pas dit qu'il prétendait ne point laisser sa fortune à un indigent ?

Manifestement, il prenait ses mesures en conséquence.

— Quel contre-temps ! se dirent tous

les Richard *in petto*, — nous le tenions!

La peinture sur verre, la Normandie, si agréable en cette saison de l'année, le tilbury à ressorts contrariés, les coulisses, les calembours, etc., avaient bataille gagnée!

M. et madame des Garennes, qu'on avait si longtemps attendus, choisirent ce moment inopportun pour faire leur entrée solennelle. — Des Garennes semblait soucieux; son regard évitait de se fixer sur l'étranger. Madame Des Garennes, au contraire, éblouissait comme un astre; elle était au complet : elle avait ses diamants.

Aussitôt qu'elle fut dans le salon, le niveau des Richard s'abaissa tout à coup pour la laisser seule, dominatrice et reine :

on comprenait, en la voyant, cette suprématie que la tribu acceptait en frémissant.

Ce n'était pas une grande dame ; nous dirions plutôt que c'était un grand homme, s'il était permis de plaisanter en des sujets si sérieux. Elle avait au suprême degré toutes les qualités qui correspondaient à sa position de parvenu de première classe. Elle était belle encore, nous ne l'avons point caché ; elle savait être digne à sa façon et fière autrement que les duchesses. Son sourire avait des caresses à l'occasion, et ses belles dents blanches révélaient comme elle pouvait mordre.

Négociante accomplie, car il faut bien un féminin à ce nouveau titre de noblesse, versée jusqu'à miracle dans les plus noirs

secrets de la diplomatie du ménage, prompte
à frapper ses amis comme ses ennemis,
n'ayant qu'une foi, l'intérêt ; qu'une loi,
les apparences ; portant au fond de sa poitrine un caillou à la place du cœur, cette
remarquable femme occupait le trône Richard avec un éclat qui ne devait être
égalé.

Dans le tissu serré de sa vie, les petitesses, et il y en avait beaucoup, disparaissaient en dessous comme les reprises de
la laine dans une brillante tapisserie.

C'était l'envers, et qui va découdre le
meuble pour voir les hontes de l'envers ?

Grâce à elle, son Des Garennes, qui était
un Richard ordinaire, moins fort même

que le commun des Richard, puisqu'il était un peu meilleur, tenait le sceptre de la tribu.

Ah! qu'il avait bien raison de l'appeler son incomparable Julie! — mais qu'il avait bien raison aussi de trembler devant elle!

Frédégonde et Brunehaut sont mortes, Marguerite de Bourgogne, la fabuleuse, qui dévorait les beaux hommes, n'est plus. Voici ce qui reste de ces belles tigresses en nos jours dégénérés : l'incomparable Julie!

Les Richard l'abhorraient et la respectaient. Les Richard la croyaient capable de tromper son propre père et lui confiaient leurs capitaux. Depuis Des Jardins, le millionnaire, jusqu'au pauvre diable d'artiste, tous les Richard avaient de l'argent chez elle; ils l'eussent voulu à cent pieds sous terre, et ils lui faisaient une cour.

Du Taillis mentait saqueurbleu! comme un rustre qu'il était, quand il prétendait avoir son franc parler devant elle. Devant elle Du Taillis était doux comme un de ses moutons normands.

S'il se faisait en face de sa puissance souveraine un semblant d'opposition, c'était du côté des femmes. Pour que les femmes soient obéissantes, il faut un roi, non pas une reine. En lui parlant, madame Des Jardins, mettait parfois un peu de vinaigre dans son miel; la tante Noton, quand le noyau réchauffait son courage, lui disait son fait assez bien ; Sophie Des Baliveaux avait essayé de l'égratigner plus d'une fois, et la franche Augusta lui avait mis, à l'occasion, son poing sous le nez.

Mais c'étaient des émeutes sans conséquence et qui n'arrivaient jamais à faire une révolution.

Pourquoi? parce que madame Des Garennes n'avait point de défauts à sa cuirasse. On ne savait par où la prendre; elle était belle, elle était sage, elle était riche ; en public, elle faisait valoir son mari, qui dans le particulier était son esclave; et, quant à sa conduite vis-à-vis de Camille, les plus malveillants ne pouvaient que la trouver irréprochable.

Sur ce chemin fleuri, où elle marchait d'un pas si hautain, l'incomparable Julie ne voyait qu'une pierre d'achoppement : c'était maman Richard. Le ridicule tue, et la châtelaine croyait que maman Richard la rendait ridicule.

Voyez! tout l'esprit du monde ne peut suppléer à un brin de cœur. La châtelaine ne soupçonnait pas quel vernis touchant et respectable cette bonne femme, sincèrement aimée, franchement caressée devant tous, eût jeté sur elle-même et sur sa maison.

Elle eût joué ce rôle tout comme un autre, mais elle ne l'avait pas deviné.

Peut-être aussi ce rôle était-il dangereux et impossible vis-à-vis des Richard.

La chose certaine, c'est que l'incomparable Julie portait sa belle-mère sur ses épaules comme une croix, et qu'elle était prête à tout pour se débarrasser de cet odieux fardeau.

Roland aussi la gênait, mais Roland ne pesait pas une plume, et il suffisait de souffler dessus pour l'envoyer très loin.

L'incomparable Julie allait ce jour-là même souffler sur Roland et faire le nécessaire pour se débarrasser de maman Richard.

Après quoi, il n'y aurait plus que fleurs sur sa route.

— Ma chère cousine, dit-elle en s'adressant à madame Des Jardins, comme étant la plus riche, — j'espère que vous voudrez bien nous excuser... notre neveu Roland nous donne beaucoup d'embarras et notre excellente mère, madame Richard...

Au lieu d'achever elle leva les yeux au ciel.

En ce moment, la bonne femme Richard passait le seuil avec son costume de paysanne.

On n'osa point demander d'explication.

Maman Richard s'appuyait au bras de Roland et tenait Camille par la main.

On ne regarda point Roland, qui était vêtu avec une simplicité un peu exagérée.

Il eût été plaisant que madame Des Garennes fît des frais pour la toilette de ce mauvais sujet ! Le substitut et l'élève de l'école Polytechnique lui dirent bonjour par grâce et tournèrent le dos.

Mais ce ne fut qu'un cri dans la partie male de la tribu : Comme elle est gracieuse ! comme elle est charmante ! comme elle est embellie !

On parlait de Camille, dont la mise élégante et fraîche ressortait auprès de la grosse jupe de futaine qui se drapait sur les hanches de maman Richard.

Madame Des Garennes aurait dû deviner le rôle dont nous avons parlé, car, en vérité, Camille paraissait mille fois plus jolie, ten-

drement occupée qu'elle était de sa grand'-
mère, et l'aidant à s'asseoir sur un bon fauteuil. Il est vrai que Camille ne jouait point
de rôle.

— Petite maman mignonne, dit Trésor
à sa mère, ma cousine est mal coiffée et j'ai
la taille plus fine qu'elle.

—Chut! — fit madame Des Jardins, —
va l'embrasser.

La poupée de l'an dernier traversa aussitôt le salon d'un pas sautillant et préten-
tieux.

— Oh! s'écria-t-elle, en regardant le
substitut par-dessus l'épaule droite de Camille et l'élève de l'École par-dessus l'épaule

gauche, ah ! — petite cousine, que je t'embrasse ! que je t'embrasse !

Sur un signe de madame Des Garennes l'heureux Du Guéret offrit son bras à Camille pour passer dans la salle à manger ; Des Jardins eut l'honneur d'accompagner la châtelaine, et les autres Richard s'accouplèrent par rang d'importance. — A table, les places furent fixées suivant la stricte échelle des fortunes.

On avait songé d'abord à mettre l'étranger de distinction à la place d'honneur, au côté droit de madame Des Garennes ; mais maintenant que ce n'était plus qu'un commis, on pouvait bien le traiter sans façon. Stephen Williams fut colloqué entre la tante

Noton, entrepreneuse de roulage, et Sophie des Baliveaux, rentière.

Celles-ci, pour le coup, crurent leur fortune faite et se montrèrent tout aimables. La tante Noton commença par prémunir l'Américain contre les caresses de mademoiselle Sophie Des Baliveaux, vieille fille qui courait éperdument après un époux ; d'autre part, Sophie Des Baliveaux crut devoir le mettre en garde contre les chatteries de la tante Noton, qui n'avait pas les mains très nettes et que la voix publique accusait d'usure ancienne et moderne.

Ce soin rempli, les deux voisines de Stephen Williams dessinèrent en pied pour son instruction le portrait de chaque membre de la famille Richard. C'était touché de main de maître, et cela fit un grand tableau dont chaque personnage vivait en quelque sorte deux fois sous les yeux de Stephen Williams.

Avant de s'asseoir à table, ses voisines l'avaient vu, non sans surprise, faire un signe de la main à Roland, qui s'était approché aussitôt ; elles avaient prêté l'oreille, mais l'étranger et le jeune Richard parlaient tout bas.

Sophie Des Baliveaux, qui avait l'ouïe plus fine, crut entendre pourtant que Stephen Williams demandait si la commission était faite, et que Roland répondait : Oui je l'ai vu; il va venir.

— Qui cela? — et pourquoi Stephen Williams chargeait-il le jeune Roland de ses commissions? — Ceci dépassait le savoir de Sophie Des Baliveaux.

Il y a deux classes de lecteurs : les uns ont eu la chance d'assister en leur vie à un festin Richard ; les autres ont été privés de ce bonheur. Pour les premiers, notre description resterait beaucoup au-dessous de la réalité, les autres la repousseraient avec colère comme étant indignement exagérée.

Car ces choses-là ne se devinent à aucun degré ; il faut avoir vu pour croire.

Que si nous ne racontons pas par le menu cette vilaine parodie des mangeailles patriarcales, ce n'est point par frayeur des

Richard. Aucun Richard, nous en sommes bien certain, ne reconnaîtra son profil dans ces pages; ils lisent peu, ces gentilshommes, et si par hasard l'un d'eux entr'ouvre notre livre, il rira de bon cœur, se plaignant seulement qu'on n'ait point fait encore ses cousins assez laids. Ce sont les honnêtes gens qui nous donnent la chair de poule. Dans leur ignorance respectable, ils crieraient à la calomnie! Ce clan Richard ressemble si fort, de loin, à une famille! et il est toujours si malséant d'attaquer tout ce qui ressemble à la famille!

Nous pourrions dire, il est vrai, pour notre défense, que les voleurs de nuit aussi vont par bandes, et qu'il y avait une manière de famille dans la caverne de Gil-Blas; mais nous préférons jeter un voile pudique sur ces petites monstruosités, sur ces infamies étroites, sur ces obscénités du cœur qui assaisonnèrent chaque mets, depuis le potage jusqu'au dessert.

Le dîner ne fut point au-dessous de ce qu'on pouvait attendre de madame Des Garennes ; la vaisselle et le service étaient splendides ; la livrée, au complet, semblait une armée ; le chef s'était surpassé. Les Richard mangèrent comme des loups, malgré leur jalousie poussée jusqu'à la rage. Ce faste les écrasait, ce luxe insultait à la médiocrité des uns comme à la richesse des autres ; ils étaient là, dans un château qui avait coûté quinze cent mille francs avec ses dépendances, et c'est à peine si le prix du château était à la hauteur de l'hospitalité qu'on y recevait !

C'étaient ceux-là, les Des Garennes, qui étaient bien des parvenus! de vrais parvenus! d'odieux parvenus! L'estomac satisfait des Richard plaidait en vain leur cause; il n'y avait point de pardon possible pour ce succès insolent. Une sorte de compte courant s'établissait entre la tribu Richard et les Des Garennes; rien n'était oublié dans ce mémoire d'apothicaire; on inscrivait au débit de l'incomparable Julie et de son mari la moindre marque de déférence, comme la plus grosse platitude.— Et cela formait un total effrayant de rancunes et de haines.

Mais sur les visages Richard vous n'eussiez vu que sourires. Frapper un homme debout n'est pas dans les mœurs de ces philosophes. L'opulence commerciale a ses revers, le clan Richard attendait. — Les Des Garennes n'avaient qu'à se bien tenir! leurs parents et amis frémissaient d'allégresse intime, rien qu'à la pensée de leur marcher sur le front.

Et l'on causait gaîment, par ma foi! L'esprit Richard moussait comme du champagne ; on se grignotait les uns et les autres à dents émoulues ; les plus faibles qui n'osaient s'attaquer aux présents assassinaient les absents avec plaisir. Ce qu'on souhaita de banqueroutes dans ces agapes mémorables, ce qu'on guillotina de crédits en effigie ne peut point se nombrer.

Aboyer et mordre, plutôt mordre qu'aboyer, voilà le plaisir!

Aboiements et morsures s'arrêtaient aux

pieds du couple Des Garennes, qui était inviolable. Pour eux, il n'y avait qu'adulation et caresses. Tout ce qu'ils disaient était charmant; tout ce qu'ils faisaient était bien fait; tout ce qui leur appartenait était magnifique.

Trésor, la chère enfant, était gourmande et célèbre par les indispositions subites qui la prenaient à table; elle commença par dévorer, suivant sa coutume, mais à un certain moment du dîner, elle cessa de manger tout à coup, parce que sa mère lui pinça le genou.

C'était un signal; Trésor contempla mélancoliquement son assiette à moitié pleine et s'abstint.

Au bout de trois ou quatre minutes, madame Des Jardins lui dit à haute voix :

— Zélia, pourquoi ne manges-tu pas ?

Trésor avait la réplique prête.

— Petite mère mignonne, répondit-elle avec un sourire candide, — j'aime mieux regarder ma belle cousine Des Garennes.

On applaudit, et Trésor put dévorer de nouveau.

Il y avait quatre personnes à table qui ne faisaient pas beaucoup de bruit et se tenaient en dehors de la fièvre commune. C'était d'abord le pauvre Roland, relégué au bas bout de la table et placé entre deux Richard de rien. Roland regardait Camille, qui était bien triste aussi et qui écoutait en silence les galanteries du cousin Du Guéret. Camille n'osait même pas rendre à Roland son regard, parce que madame Des Garennes ne la perdait point de vue.

Ils souffraient tous les deux, Camille et Roland; leurs beaux espoirs s'en allaient en fumée et ils commençaient à trembler devant les menaces de l'avenir.

De temps en temps, maman Richard les examinait tous deux du coin de l'œil. Maman Richard ne pouvait rien pour eux, elle le savait bien. Deux ou trois fois on put voir ses yeux s'emplir de larmes, pendant qu'elle glissait un regard vers Des Garennes, son fils.

Elle était bien vieille pour s'en aller toute seule et privée de ce dernier amour. — Mais on l'avait presque chassée.

Il est vrai que son cœur avait éprouvé une grande joie ce jour-là. On lui avait parlé de son autre fils, de son fils Jean, le bien-aimé, qu'elle croyait mort depuis tant d'années ! Mais c'était comme un rêve, et son cœur, habitué à souffrir, ne pouvait s'ouvrir tout d'un coup à l'espoir.

Cet étranger qui avait parlé de Jean Richard était là, en face d'elle à l'autre extrémité de la table. Elle eût voulu lui parler; ce n'était pas possible, la table était longue, et la vue affaiblie de la bonne femme ne pouvait pas même distinguer les traits de Stephen Williams.

Elle pensait :

— Je ne l'ai pas vu, moi, cet homme qui a eu pitié de mon Jean ! Je lui ai parlé par deux fois, mais les pleurs m'aveuglaient ; je ne l'ai pas vu, je ne pourrais pas le reconnaître !

Elle écoutait avidement, espérant saisir au moins, parmi les bruyants éclats de la gaîté Richard, le son béni de la voix de l'étranger. — Mais l'étranger gardait désormais un grave silence ; c'est à peine s'il touchait aux mets qu'on lui présentait.

Il était là-bas, à sa place, toujours immobile et muet.

Un travail s'était fait à son égard dans l'opinion de la tribu, sa gloire avait passé comme une ombre. Les Richard, assez heureux pour être placés non loin de la châtelaine, avaient demandé des renseignements sur lui, sans faire semblant de rien ; la châtelaine n'avait répondu qu'un mot, et ce mot, passant de bouche en bouche, d'une extrémité à l'autre de la salle, avait suffi pour faire évanouir l'importance de l'étranger et les espoirs des Richard.

Ce n'était qu'un petit commis, le serviteur d'un serviteur, l'infime subordonné de ce Robinson, qui n'était lui-même que le caissier de Peter Bristol !

— Cascade! cascade! disait M. Des Jardin; — positif!

Le mieux était de prendre la mystification pour ce qu'elle était, et de rire entre soi, — mais à l'occasion et plus tard, — de cette drolatique histoire: la *manie américaine*.

Pour le moment, il était convenable d'opérer le vide autour du mauvais plaisant, et de le laisser tranquille à son bas bout de table, entre la tante Noton et mademoiselle Sophie Des Baliveaux.

— Cet homme à barbe de charlatan! comme disait maintenant La Luzerne.

— Ce boxeur de cabaret! suivant l'expression actuelle du petit veuf.

Du Taillis, plus énergique, allait jusqu'au mot maraud, et Pain-Sec, artiste peintre sur verre, descendait jusqu'à *canaille*, ni plus, ni moins.

Nous ne pouvons dire le terme qu'eût employé Massonneau aîné pour exprimer son indignation, car cet ancien avoué, par ordre exprès de sa femme, ne parlait jamais la bouche pleine, et tant qu'on était à table sa bouche ne désemplissait pas.

Vers la fin du dessert, après les santés portées, la châtelaine fit à son mari un signe qui voulait dire : il est temps.

Des Garennes se leva aussitôt et prit

sa pose d'orateur; il avait parlé quelquefois en public dans des assemblées de créanciers.

— Chers parents, dit-il, — outre le désir que nous avions, madame Des Garennes et moi, de vous posséder réunis dans notre ermitage, un motif sérieux et d'affaires a dicté l'invitation collective que nous vous avons adressée.

L'avis général fut que cet exorde était frappé au bon coin.

— Il s'agit, continua Des Garennes, — d'un conseil de famille.

— Au diable le conseil de famille! fit

l'artiste intempérant et léger qui eût mieux aimé un punch.

Les plus graves parmi les membres de la tribu repoussèrent leurs verres avec une noble résignation.

— Zélia, ma mignonne, dit madame Des Garennes, va faire un tour avec ta cousine Camille. Roland, offrez votre bras à notre respectable mère, madame Richard; c'est l'heure où elle prend son repos.

— Bonne nuit, maman Richard! cria-t-on tout autour de la table pendant que la vieille dame s'éloignait au bras de son petit-fils.

— En voilà une qui est heureuse sur ses vieux jours! ajoutèrent avec flatteries les voisins de madame Des Garennes.

Celle-ci avait regardé son mari d'un air significatif: il y avait dans ce regard un ordre péremptoire. Maman Richard, Roland, Camille, Trésor et le menu fretin de la tribu étaient déjà partis. Des Garennes fit le tour de la table et s'avança vers M. Stephen Williams; chacun devina qu'il avait reçu mission de le mettre courtoisement à la porte.

Mais chacun put remarquer aussi sur le visage de Des Garennes plus d'embarras que n'en comportait véritablement la circonstance.

— Monsieur, dit-il d'une voix basse et rapide, en abordant l'Américain, — avant tout, je vous prie de ne point quitter le château sans m'avoir vu.

Stephen Williams se tourna vers lui et le regarda d'un air étonné.

— J'ai à vous parler, poursuivit le châtelain qui baissa le ton encore davantage, — au sujet de cette personne... vous savez ?

— Votre frère ? interrompit Stephen Williams.

— Oui... la personne qui prétend être mon frère.

— Mon cher monsieur, répliqua tout

haut l'Américain, je ne songe pas du tout à quitter le château.

La châtelaine se mordit les lèvres ; Des Garennes glissa de son côté un regard timide, devint pâle et poursuivit :

— C'est que j'étais chargé de vous dire.. je voulais vous prier de nous excuser...

Stephen Williams ne bougea pas. Cela devenait curieux; les Richard étaient au spectacle.

— Eh bien! fit de loin madame Des Garennes dont les sourcils étaient froncés déjà.

— Monsieur Stephen Williams paraît

ne pas comprendre... commença Des Garennes.

— Si fait! interrompit l'Américain; — je comprends parfaitement! Vous avez voulu m'éviter l'ennui de ce conseil de famille, mais je ne veux pas être en reste avec vous, et je vous demande la permission d'y assister.

Un coup de coude électrique fit le tour de la table.

— Un drôle de corps! murmura Des Jardins, sûr et certain!

— Nous sommes désolés, monsieur, répliqua madame Des Garennes, qui faisait effort pour garder son sangfroid, mais il s'agit d'une délibération qui est toute intime...

—Belle dame, interrompit encore l'Américain, — je crois savoir de quoi il s'agit... c'est par rapport au jeune Roland Richard, n'est-ce pas?

— En effet... balbutia Des Garennes.

— Alors, je reste, prononça froidement Stephen Williams, en approchant son siége et en mettant ses coudes sur la table, comme un homme qui prend position pour longtemps.

CHAPITRE QUINZIÈME

PROBITÉ ANTIQUE.

Les Richard d'importance, modelant leur tenue d'après celle de madame Des Garennes, prirent une attitude sévère; l'artiste seul, espiègle incorrigible, se cacha derrière son mouchoir pour rire à son aise.

— Inconvenant ! murmura Des Jardins ; — positif !

— Avec ce diable d'homme-là, dit Du Taillis, — on n'a pas même la ressource d'appeler un domestique pour le jeter à la porte. Il prendrait le domestique par le cou et battrait Des Garennes avec...

— Pas plus gêné que ça ! ricana Pain-Sec ; — demandez au petit veuf !

Au fond, personne n'était très désolé de l'aventure. Les Des Garennes, suivant toute apparence, allaient avoir leur part de mystification : ce n'était pas un mal.

L'Américain regagnait un peu de terrain perdu et redevenait presque un personnage.

Tous les yeux étaient fixés sur l'incomparable Julie.

— Mon ami, dit-elle en se forçant à sourire et en s'adressant à son mari, au comble de l'embarras, — faites cesser, je vous prie, ce malentendu. M. Stephen Williams, étranger à nos mœurs, ignore peut-être qu'il faut être parent du mineur ou membre désigné par la famille pour assister...

— A moins qu'on n'ait procuration en due forme, prononça dogmatiquement le substitut.

— Et comme M. Stephen Williams, continua la châtelaine, n'est ni membre de la famille, ni fondé de pouvoir...

— Vous vous trompez, madame, interrompit sèchement l'Américain.

— Ah! par exemple! s'écria Du Taillis, voilà qui est fort!

— Nous sommes au complet, ajouta Des Jardins; qui donc vous aurait donné sa procuration?

Le petit veuf était presque de la famille Des Garennes maintenant; il eût bien voulu se poser un peu et placer un mot très ferme dans la discussion; mais il avait beau faire, il songeait toujours à ces muscles qu'il avait vu se détacher sur les bras nus de l'ancien Robinson : cela le rendait muet comme un poisson.

Stephem Williams, cependant, avait choisi un papier dans son portefeuille ; il tendit le papier à Des Garennes.

— Reconnaissez-vous l'écriture de votre frère Jean Richard ? demanda-t-il.

La main de Des Garennes trembla ; on vit la châtelaine changer de couleur.

La tribu tout entière était frappée de stupéfaction.

— Jean Richard ! répétait-on à la ronde ; — est-ce que le mauvais sujet ne serait pas mort ?

— Voilà une *occasion !* dit la superbe Augusta dans son style à part. Ah bien ! merci, par exemple !...

— Étonnant ! faisait Des Jardins, — pas de doute, très étonnant !

— Si le mauvais sujet était passé à l'état d'oncle d'Amérique ? insinua l'artiste, — et s'il nous envoyait des tonneaux de poudre d'or !

— Qu'est-ce que cela ? demanda de loin la châtelaine en désignant le papier d'un geste dédaigneux.

— Ma bonne amie, répondit Des Garennes tout décontenancé, c'est en effet l'écriture de mon frère et c'est une procuration.

— Permettez ! s'écria le substitut, une procuration donnée à l'étranger...

— A besoin pour être valable sur le territoire français... ajouta l'ancien avoué, heureux de faire prouesse sous les yeux de sa femme.

— D'une homologation judiciaire, reprit le substitut à la volée.

— Laquelle, acheva Massonneau aîné, — ne peut être donnée que par le président du tribunal civil !

Ainsi chantèrent en rhythmes jumeaux ces deux hommes de l'art. *Arcades ambo*.

La châtelaine avait rappelé son mari auprès d'elle; ils échangèrent tous les deux quelques mots à voix basse.

— Je n'ignore point, reprit l'incomparable Julie, qui était aussi forte que le substitut, doublé de Massonneau, — que nous pourrions discuter le mérite de ce pouvoir ; mais en définitive, chers parents, nous n'avons rien à cacher, et cette réunion de famille n'a point de caractère légal. Plaise à Dieu que Jean Richard, frère de mon mari, soit en effet vivant ! Dans tous les cas, si monsieur Stephen Williams tient à rester parmi nous, qu'il reste.

L'Américain remit la procuration dans sa poche et approuva d'un signe de tête la conclusion de la châtelaine.

— Ah dame ! ah dame ! disait la tante Noton à Sophie Des Baliveaux par dessus l'épaule de Stephen Williams, — ce Jean

Richard! en voilà une tuile pour les pauvres Des Garennes!

— Ne m'en parlez pas, répliquait la vieille fille, — ces vauriens ont la vie si dure!

— Un honnête garçon serait mort trente fois! fit observer Du Taillis.

— Sûr et certain! appuya Des Jardins.

— Positif! ajouta le gai La Luzerne, qui se permit d'imiter l'organe du descendant illégitime de Richard Cœur-de-Lion.

Pourvu qu'on tue un peu le veau gras, quand reviendra cet enfant prodigue, reprit Pain-Sec, et qu'on m'invite, je ne m'oppose pas à son retour.

Madame Des Jardins se pencha à l'oreille de son époux.

— Je suis bien aise que Trésor soit sortie, murmura-t-elle. — Qu'elle ignore toujours, la chère enfant, qu'il y eut un mauvais sujet dans la famille !

Des Garennes reprit sa pose d'orateur.

— Je vous ai réunis, messieurs et chers parents, dit-il, pour vous consulter officieusement sur une question qui a son importance. Avant d'entrer en matière, permettez-moi de vous annoncer un événement heureux et qui vous réjouira par l'intérêt que vous voulez bien porter à ma famille : le mariage de Camille est arrêté et je vous présente mon gendre.

Il avait mis la main sur l'épaule de Du Guéret, qui souriait et faisait le gros dos.

Ce fut un feu croisé de compliments et de félicitations. Du Taillis grommela bien que Camille pouvait mieux faire ; sa voix fut étouffée ; on espérait noces et festins ; l'artiste entonna un hosanna qui eut de l'écho d'un bout à l'autre de la table.

Stephen Williams avait ouvert son binocle et regardait attentivement le petit veuf.

— Eh bien ! noble étranger, s'écria Pain-Sec par manière de raillerie, — daignez-vous accorder à ce mariage votre haute approbation ?

La largeur entière de la table semblait à l'artiste une protection suffisante contre les velléités gymnastiques de Stephen Williams.

Celui-ci ferma son binocle, répondit : Non ! et reprit son attitude impassible.

Le petit veuf essaya de sourire, tandis que Du Taillis disait entre haut et bas :

— Il a du bon, ce sauvage ! mais je parie que le cousin Du Guéret paiera le *conjungo* plus cher que son fameux tilbury à ressorts contrariés, à timon brisé compensateur, système Spindler !

— Possible ! fit Des Jardins de son air le plus capable.

— Probable ! surfit de La Luzerne.

— Sûr et certain ! ajouta le fausset railleur de l'artiste.

— Et maintenant, déblayons la chose, n'est-ce pas, cousin Des Garennes? s'écria Du Taillis ; — on peut avoir son franc parler entre parents : j'aime assez à faire un tour après le repas. Enlevons ça en deux temps, puisque nous vous approuvons d'avance.

Les estomacs Richard demandaient tous un peu d'air ; le chœur répéta :

— Enlevons ça !

— Roland Richard, notre neveu, dit

M. Des Garennes clairement et posément, en homme qui a pris la peine de bien étudier sa leçon, — ayant atteint, ce printemps. sa vingtième année, a dû satisfaire à la loi sur le recrutement; il a tiré au sort; il a eu un mauvais numéro. Mes chers parents, s'il s'agissait d'un jeune homme ordinaire, ayant une carrière commencée ou seulement en expectative, je ne vous aurais point dérangés pour requérir votre avis; mais Roland, notre malheureux neveu, n'a jamais voulu mordre au travail du bureau. C'est une nature à la fois paresseuse et indomptable que l'éducation n'a pu amender.

— Il chasse de race! interrompit Du Taillis, — vous souvenez-vous quel propre à rien c'était que son père?

Des Garennes lui adressa un regard de reproche ; mais la châtelaine leva les yeux au ciel et murmura :

— Quand je suis entrée dans la famille, notre malheureux frère Jean Richard n'y était déjà plus, je ne puis donc parler d'après mes propres impressions ; mais tout ce qu'on m'a dit, et il n'y a qu'une voix à ce sujet, me force à donner raison à notre cousin Du Taillis, — sauf peut-être la rudesse de la forme. — Oui, ce n'est que trop vrai, Roland Richard ressemble à son père.

Elle soupira bien haut et sa physionomie exprima la tristesse qu'elle éprouvait à voir tant de bons soins perdus.

En effet, on avait élevé Roland avec les domestiques jusqu'à l'âge de dix ans, après quoi on l'avait fourré au collége. A sa sortie du collége, où personne ne s'était occupé de lui, on l'avait mis dans une des cages grillées du bureau Des Garennes, avec un encrier à éponge et un gros registre, — pour terminer son éducation. L'ingrat enfant avait laissé sécher l'éponge et s'était endormi sur le registre, rêvant aux belles campagnes de la Touraine où s'étaient passées les premières années de sa vie, rêvant peut-être aussi aux sourires de sa cousine Camille.

Mauvais sang! triste race!

— Dans ces circonstances, continua M. Des Garennes, nous avons pensé que l'état militaire était peut-être en définitive ce qui convenait le mieux pour mater cette nature difficile.

— Ah! ah! saqueurbleu! s'écria le nourrisseur, — il n'y a que ça, voyez-vous! Sept ans de service vous l'assoupliront comme un gant!

— J'ai eu un domestique qui avait été soldat, dit madame Des Jardins; — ces gens-là sont très propres et très rangés.

— Et pas malheureux ajouta de La Luzerne, — sept sous tous les cinq jours pour argent de poche.

— Outre les subsides de la payse, risqua Pain-Sec, toujours folâtre.

— Au fond, pas malheureux! résuma M. Des Jardins.

— De sorte que, continua Des Carennes, — vous pensez comme nous qu'il n'y a pas lieu d'acheter un remplaçant?

— Nous pensons comme vous! s'écrièrent vingt voix; par exemple! il ne manquerait plus que cela!

Quand cette fièvre d'approbation se fut calmée, l'Américain demanda tout doucement :

— Ce jeune homme, M. Roland Richard, a-t-il du goût pour l'état militaire?

Ce fut dans toute la salle à manger un franc et bruyant éclat de rire. Sans le savoir ce Stephen Williams avait trouvé le mot comique de la situation.

— *Elle est bonne!* dit madame Augusta Massonneau aîné.

— Le fait est, ajouta de La Luzerne, en jouant le grand sérieux, — qu'il aurait fallu s'informer de la vocation de cet intéressant jeune homme !

— S'il aimait mieux être rentier, lui ! s'écria Pain-Sec.

— Parbleu ! dit aigrement Du Gueret, qui avait peut-être surpris quelque œillade imprudente durant le dîner, on ne demande pas aux enfants méchants s'ils veulent avoir le fouet, monsieur Stephen Williams!

C'est le petit veuf qui aurait eu le fouet, si la châtelaine eût tenu les verges ; elle se mordit la lèvre pour la seconde fois. Si Du Guéret n'avait pas représenté pour elle la somme ronde de cinq cent mille francs, il aurait pu voir que l'incomparable Julie boxait encore mieux que le terrible Américain.

— Alors, dit celui-ci, qui adressa au contraire un signe de remercîment au petit veuf, c'est un châtiment que la famille inflige à ce jeune homme?

— Vous n'êtes pas Français, monsieur! s'écria Des Garennes, essayant de fuir dans le pathos; — si vous étiez Français, vous sauriez que dans notre patrie la gloire ne peut jamais servir de verges! Quand on envoie nos jeunes gens au champ d'honneur, ils y vont le cœur léger en chantant tout le long du chemin nos hymnes patriotiques.

— Ah! quel plaisir d'être soldat!... fredonna de La Luzerne, tandis que l'artiste déclamait :

> Pour aller servir la patrie,
> Jeune encore je quittai les champs...

— En 1814, dit impétueusement Massonneau fils, qui ôta du coup ses lunettes bleues afin d'en essuyer les verres, — à la barrière de Clichy, les élèves de l'École polytechnique...

— Bon! bon! Félicien, mon petit, interrompit la superbe Augusta, qui avait entendu soixante fois, pour le moins, l'histoire de la barrière de Clichy et de l'École polytechnique, — on a joué ça au Cirque, et puis d'ailleurs, à l'École, vous êtes tous jeunes gens comme il faut, payant deux mille francs de pension. Roland Richard, lui, ne sera jamais qu'un tourlourou.

— Autrement dit pioupiou! appuya l'artiste.

— *Aliàs* pousse-caillou, s'écria La Luzerne.

Nous sommes forcé de faire observer que

les Richard avaient dîné copieusement ; sans cela, le lecteur n'admettrait point ces écarts de discussion. Il est certain qu'après cette sortie de la superbe Augusta, un grand désordre s'établit dans la délibération du conseil de famille. Sophie Des Baliveaux et la tante Noton s'entreprirent au sujet de l'uniforme des chasseurs de Vincennes. Des Jardins soutint qu'il y avait encore une fortune à faire dans les entreprises de remplacement : — Positif ! Du Taillis se vanta d'avoir fourni de mauvaises farines aux vivres : l'an prochain, il comptait bien gagner trois cents pour cent sur les remontes. Pain-Sec criait que si chaque soldat, au lieu de se livrer à la mauvaise habitude des liqueurs fortes, voulait mettre seulement un sou par semaine à la masse, on pourrait établir des cours de peinture sur verre dans tous les régiments de l'armée française.

Massonneau aîné, digérant et sommeillant à demi dans son coin, pensait avec une béatitude parfaite :

— Ma femme aime mieux les dragons que les lanciers. Pourquoi? parce que c'est son idée. Moi, c'est la grosse caisse qui me fait plaisir !

Stephen Williams ne disait plus rien et attendait fort patiemment que le calme fût rétabli. Quand on eut un peu de silence, il reprit, en se tournant vers les Des Garennes :

— Puisqu'il paraît établi que ce jeune

homme ne partira pas de bon gré pour l'armée, je désirerais savoir s'il possède quelque chose, et si ses propres moyens lui permettraient de se racheter.

Tous les Richard saisirent la parole à la fois.

— Lui, quelque chose ! s'écriaient les uns.

— Nu comme un ver ! ripostaient les autres.

— Je m'adresse à monsieur et madame Des Garennes, insista l'Américain avec sécheresse.

Ce fut la châtelaine qui répondit.

— Monsieur, dit-elle, — vous remplissez

votre mandat avec conscience : cela est d'un honnête homme. Nos chers parents se trompent quand il disent que Roland ne possède rien au monde.

— C'est donc que vous lui avez donné quelque chose, alors? interrompirent deux ou trois Richard.

— Notre conduite à l'égard de Roland va vous être soumise, répliqua la châtelaine, et chacun de vous pourra l'apprécier. Lorsque Jean Richard partit, il avait encore mille francs à toucher sur la succession de notre oncle le libraire. Mon mari lui avait prêté certaines sommes; mais il ne voulut point se payer avec ces mille francs, unique avoir de l'orphelin, et les mille francs restèrent intacts à notre neveu Richard.

— Mais c'est superbe, cela ! fit Du Guéret avec admiration.

— Saqueurbleu ! fit Du Taillis, le fait est que c'est bien gentil ! Ne pas s'être payé !

L'artiste joignit ses mains ; La Luzerne et lui s'écrièrent à la fois : O probité antique !

L'Américain lui-même fit un signe de tête franchement approbateur, puis il ajouta :

— Avec mille francs, peut-on acheter un remplaçant ?

— Non, monsieur, répondit Des Garennes ; — mais notre neveu Roland possède plus de mille francs. Ma femme ne vous a pas tout dit.

— Comment! fit le chœur des Richard ; il y a encore autre chose ?

— Racontez vous-même, mon ami, dit la châtelaine, avec une dignité douce et en posant la main sur le bras de son époux ; — la bonne action vous appartient ; c'est à vous de la confesser.

— Mon Dieu ! s'écria bonnement Des Garennes, — je n'ai pas fait cela pour gagner le prix Monthyon ! Chaque année, les intérêts du petit capital de Roland ont été ajoutés à la masse, et Roland, — ou plutôt son père, si Dieu nous l'a conservé,— peut disposer maintenant de deux mille cinq cents francs en beaux écus sonnants.

La tante Noton d'un côté, Sophie Des Baliveaux de l'autre, se levèrent solennellement pour aller prendre la main de leur vertueux parent. En un clin d'œil, Des Garennes fut entouré par la foule des Richard, attendrie jusqu'aux larmes.

— Ah! voilà un beau trait! disait-on; — cela repose le cœur!

— Saqueurbleu! saqueurbleu! il y a donc encore de la délicatesse sur la terre.

— Si on mettait cela dans les journaux, fit l'artiste, sincèrement émerveillé, — il y aurait bien des gens qui ne le croiraient pas !

— Pas communs, non plus, de tels traits ! ajouta Des Jardins.

— Positif! allait-il conclure pour ponctuer sa phrase ; mais l'émotion lui coupa la parole.

Au milieu de ce concert d'éloges, la voix de Stephen Williams s'éleva de nouveau pour répéter sa dernière question :

— Avec deux mille cinq cents francs, demanda-t-il, peut-on acheter un remplaçant ?

Tous les regards indignés se tournèrent

vers lui. Songer à ce détail en présence d'un héroïsme pareil !

— Il y a des gens, pensa tout haut madame Des Jardins, demi-muse, — qui n'ont véritablement rien là, sous la gauche mamelle !

Cette fois, Des Jardins put placer son positif ! avec à propos.

Il est certain, cependant, que Des Garennes restait un peu embarrassé devant la question nette et précise de l'étranger ; mais l'incomparable Julie n'avait point commencé la scène sans avoir son plan tout fait.

— Avec deux mille cinq cents francs,

monsieur, répondit-elle, on peut acheter un remplaçant. Mais Roland, notre neveu, n'en achètera point.

— A la bonne heure ! acclamèrent les Richard ; — voilà qui est parlé !

— M'est-il permis de demander pourquoi? insista encore Stephen Williams.

— Pour deux raisons, répliqua la châtelaine du ton d'un avocat qui place l'argument décisif. — D'abord, si notre frère Jean existe, comme vous l'avez avancé vous-même, monsieur, son fils ne peut hériter de lui de son vivant : cet argent est donc à notre frère et non point à Roland.

L'Américain baissa la tête et fronça le sourcil. A ce coup magistralement porté, pas de riposte possible.

Les Richard se regardaient d'un air qui voulait dire : La maîtresse femme !

— En second lieu, poursuivit la châtelaine dont la voix prit des inflexions plus cavalières, — notre neveu Roland n'achètera pas de remplaçant, parce qu'on a disposé par avance des deux mille cinq cents francs que notre sollicitude lui avait assurés.

— Comment cela ? s'écria Stephen Williams vivement.

— Une maison de Boston, répondit madame Des Garennes, qui eut un sourire équivoque, — a cru devoir avancer à notre frère Jean cent livres sterling, somme égale au crédit de Roland sur nos livres.

L'Américain se leva et salua profondément la châtelaine.

— Ceci me ferme la bouche, belle dame, dit-il, — au nom de Jean Richard, je ne peux plus rien pour son fils et je me déclare satisfait.

— Saqueurdienne ! gronda Du Taillis ; il a son compte, celui-là !

On ne porta pas en triomphe les Des Garennes, vainqueurs, mais on leur fit escorte pour sortir de la salle à manger, et chaque Richard se sentit tout fier d'appartenir, ne fût-ce que pour un peu, à ce couple recommandable.

CHAPITRE DIX-SEPTIÈME

LA TANTE NOTON

On avait pris le café dans le salon. L'essaim des Richard s'était envolé vers le jardin illuminé pour la fête; il n'y avait plus autour du guéridon que madame Des Garennes et la tante Noton. Entre elles deux s'ouvrait une cave à liqueurs, délicatement incrustée.

D'ordinaire, la châtelaine ne recherchait pas très assidûment la compagnie de l'entrepreneuse de roulage, qui était une femme commune, et que les Des Jardins accusaient avec raison d'avoir *mauvais genre*; en second lieu, par nature, madame Des Garennes détestait l'odeur même de l'alcool.

Mais aujourd'hui elle avait besoin de la tante Noton, et pour lui complaire, elle demeurait les deux coudes sur la table, auprès de deux ou trois flacons débouchés, dont les parfums violents lui donnaient presque le vertige.

Elle avait du noyau dans son verre, et

quand la tante Noton la regardait, elle y trempait les lèvres sans trop faire la grimace.

La tante Noton se sentait prise pour elle d'une sympathie nouvelle et sans bornes; les amis du noyau étaient les amis de la tante Noton.

Depuis quarante ou cinquante ans, le noyau lui avait si souvent réchauffé le cœur!

Et n'était-ce pas une gloire que de rester ainsi en tête-à-tête avec madame Des Garennes? Les honneurs ont leur ivresse comme le noyau, et la pauvre tante Noton n'avait pas la tête très forte.

— C'est pour elle, uniquement, vous m'entendez bien, disait l'incomparable Julie; — moi je donnerais tout au monde pour la garder auprès de nous. Mais il ne faut pas toujours penser à soi, ma chère tante.

— Ah! ma pauvre nièce, interrompit la bonne femme en levant son verre, — viens-tu me dire ceci, à moi qui n'ai jamais pensé qu'aux autres!

— Je le sais, je le sais! repartit la châtelaine; — vous avez un cœur d'or, ma tante, et c'est pour cela que je mets en vous toute ma confiance.

Le verre était vidé; la tante Noton soupira :

— Va! elle est bien placée ta confiance!

— Mais, se reprit-elle avec une soudaine colère, — a-t-on jamais vu cette vieille folle de maman Richard!...

— Ma tante! ma tante! voulut interrompre madame Des Garennes.

— J'ai dit vieille folle et je ne m'en dédis pas! Que lui faut-il donc, à celle-là, pour être contente? Elle a un fils qui est la perle des hommes comme il faut, une bru qui est un ange... Car tu peux te fâcher si tu veux, Julie, je te le dis tout net, moi : tu es un ange! Où donc prends-tu ton noyau pour l'avoir si bon?

— Il y en a un panier pour vous, au chemin de fer, ma tante.

— Vraiment! du même que celui-ci?

— Du même.

Les yeux de la tante Noton se mouillèrent.

— Ah! madame Des Garennes, dit-elle, — tu fais le bonheur de toute la famille. Sapristi! je vais parler à la bonne femme la bouche ouverte, et si elle ne reconnaît pas ses torts...

La châtelaine lui toucha le bras doucement.

— Ma tante, lui dit-elle, — vous ne m'avez pas comprise. Les choses en sont venues à ce point que, pour madame Richard d'abord et avant tout, mais aussi pour M. Des Garennes, — je ne parle pas de moi, — une séparation est absolument nécessaire.

La tante Noton ouvrit de grands yeux.— Madame Des Garennes poursuivit avec volubilité.

— Parmi tous nos parents, pas un seul, peut-être, n'a cette droiture d'esprit et de cœur qui vous distingue, ma tante. Il n'y a que vous pour saisir certaines nuances. Vous lisez au fond de mon âme et vous voyez l'effort douloureux que je fais. Je donnerais à l'instant la moitié de notre fortune...

— Prends garde, ma petite, interrompit la tante Noton, qui eut un gros rire cynique. — Il ne faut pas non plus trop jouer au fin avec moi, parce que je m'entortillerais dans tes belles phrases et que je n'y verrais plus goutte! Si tu ne veux pas que j'aille à droite quand tu m'enverras à gauche, appelle les choses par leur nom et finissons-en. Tu veux que je me rende auprès de maman Richard, n'est-ce pas?

— J'avoue que cela m'obligerait.

— Bon! Et tu veux qu'elle s'en aille?

— Ma tante...

— Alors, tu veux qu'elle reste?

— Ma tante, si ce n'était pour mon mari...

L'entrepreneuse de roulage se leva et vida son dernier verre d'un seul trait, — rubis sur l'ongle, parbleu!

— Non seulement tu veux qu'elle s'en aille, petite, reprit-elle, — mais tu veux mettre la chose sur le dos de ton mari... Pauvre ange!... Te sers-tu encore de ce cachemire de l'Inde que tu portais l'an passé?

— Jamais!... et si j'osais, ma tante...

— Osez! osez toujours! chanta l'entrepreneuse de roulage, sur l'air de : *Batelier, dit Lisette*. — La Des Jardins a un cachemire, Augusta aussi; il n'y a pas jusqu'à cette Sophie Des Baliveaux!... ma chère, quelle caricature!... Sans adieu!

Je vais faire ma visite à madame Richard :
Atteins toujours le cachemire...

Elle ouvrit la porte du salon et descendit deux ou trois marches.

— Petite! appela-t-elle tout bas en se retournant.

Madame Des Garennes se rapprocha d'elle.

— Au cas où la bonne femme ferait un coup de tête, murmura Noton en souriant, — au cas, par exemple, où elle voudrait partir tout de suite?...

— On peut faire atteler la calèche, dit vivement la châtelaine.

— Oui, reprit la tante Noton, — à tout hasard... Quand je pense qu'à mon âge je n'ai jamais porté de boucles d'oreilles en brillants et que cette Sophie Des Baliveaux !...

La châtelaine jeta autour d'elle un regard furtif; il n'y avait personne sur la terrasse. D'un geste rapide elle détacha ses pendants d'oreilles.

— C'est ma plus belle paire, dit-elle ;— vous me rendriez bien heureuse en les acceptant.

La tante Noton les prit de bonne grâce.

— Fais atteler, va, ma fille, dit-elle ; — je les garderai toute ma vie en souvenir de toi.

Elle descendit le perron et traversa le jardin, la tête haute, pour gagner le parc où se cachait la retraite de maman Richard.

Au jardin, il y avait fête complète. On dansait dans le salon de verdure. Camille, toute pâle et dont les yeux gardaient les traces de ses larmes, donnait la main au triomphant Du Guéret; Trésor faisait vis-à-vis à sa petite mère mignonne, Des Jardins dansait, Du Taillis dansait, Massonneau aîné regardait danser sa femme; La Luzerne et l'artiste, en leur qualité de boute-en-train, essayaient quelques-uns de ces pas prohibés qui effrayent, dans les bals publics, la pudeur de la force armée.

Madame Des Jardins ayant voulu protester contre ces joies un peu risquées, la superbe Augusta dit que cela se faisait dans *la haute*. Madame Des Jardins, réduite au silence, défendit à Trésor de regarder ces messieurs.

Roland n'était pas là; on l'avait vu se diriger vers le parc. Stephen Williams, tout meurtri encore de sa défaite, faisait les cent pas dans une allée solitaire qui conduisait à la salle de bal; il avait la tête penchée sur sa poitrine et semblait plongé dans une méditation triste, lorsque la jolie fille de Morin lui barra le passage avec le plateau, chargé de rafraîchissements, qu'elle tenait à deux mains.

Stephen Williams voulut tourner le dos,

mais Toinette déposa le plateau à terre et le retint hardiment par le bras.

Elle l'entraîna jusqu'au détour de l'allée d'où l'on découvrait en plein la salle de bal.

— Je vous avais dit qu'elle était plus jolie que les anges! murmura-t-elle à l'oreille de l'étranger; — vous voyez bien que je n'avais pas menti.

Elle désignait du doigt Camille qui, en ce moment-là même, se détournait pour essuyer ses yeux mouillés.

Toinette fit comme elle et passa le revers de sa main sur ses paupières.

— Oui, pensa tout haut l'Américain,

cette jeune fille a véritablement le visage d'un ange.

— Et son âme est plus belle encore que son visage, allez! s'écria Toinette; elle a fait ce qu'elle a pu pour nous tirer de peine : je l'ai vu supplier son père à mains jointes. Mais on a beau faire : ceux qui doivent se noyer se noient.

— Tu es donc dans la peine, ma fille? demanda l'étranger qui se prit à la regarder dans le demi jour de l'allée.

Un éclair d'espoir illumina les yeux de Toinette; un instant elle eut la pensée d'interresser à son sort cet homme à qui elle accordait dans sa superstitieuse ignorance une sorte de pouvoir surnaturel, mais ce ne fut qu'un instant.

— Il ne s'agit pas de moi, dit-elle. — J'ai de bon bras; quand mon père ne pourra plus travailler, je serai là pour deux. Et si Pierre Tassel ne veux plus m'épouser, maintenant que je suis pauvre, c'est qu'il ne m'aimait pas, voilà tout... Si vous en êtes un, il faut songer à cette pauvre jeune fille qui vaut mieux que moi et qui est plus malheureuse que moi.

— Si j'en suis un? répéta Stephen William étonné; un quoi?

— Un chevalier errant, pardi! répliqua la petite Toinette.

Stephen Williams ne put s'empêcher de rire; Toinette jeta sur lui des regards courroucés.

— Vous riez! s'écria-t-elle; — ça ne vous fend donc pas le cœur de voir ses yeux pleins de larmes?

—Je ne la connais pas, dit Stephen Williams.

— Est-ce qu'ils connaissent les princesses qu'ils défendent? riposta Toinette avec indignation? si vous pouvez la regarder comme ça, au bras des cheveux jaunes, sans bouillir des pieds à la tête, c'est donc que vous n'en êtes pas un!

— Hélas! non, ma pauvre fille, répondit Stephen Williams d'un ton de imélancolie ; — tu as raison, je n'en suis pas un.

Toinette resta devant lui la bouche béante et sans paroles. Elle avait espéré si ardemment, sans trop savoir pourquoi, que cette réponse la frappa comme un coup de massue.

L'Américain l'écarta doucement de la main et reprit sa promenade.

— Dites-moi, demanda-t-il, — savez-vous où je trouverais le jeune Roland?

— Dans le parc, reprit Toinette, et cette allée y conduit tout droit.

— Ne conduit-elle pas aussi du côté

de la maison de madame Richard, la mère?

— La maisonnette de madame Richard est au bout.

L'étranger s'éloigna en disant: Merci! Toinette le regarda se perdre dans l'ombre des massifs. Quand il eut disparu, elle ramassa son plateau et dit en secouant la tête avec découragement:

— Puisque ce n'en est pas un, il n'y a que Dieu pour avoir pitié de la pauvre petite demoiselle!

A mesure que l'allée où marchait Stephen Williams s'éloignait de la salle de bal, les alentours devenaient plus sombres;

les illuminations de la fête ne jetèrent plus bientôt que de faibles lueurs aux profils des buissons. Quand Stephen Williams arriva sur la lisière du parc, la nuit épaisse l'entourait. Il vit briller faiblement à travers les branches les croisées de la maisonnette, et il s'avança.

C'est à peine si l'on entendait de ces lieux écartés les échos mourants de la gaîté Richard. — Le ciel était pur, au-dessus des hautes couronnes des arbres; parmi le repos et le silence, le vent du soir qui balançait la feuillée, jetait ses discrètes harmonies. Le visage de l'Américain se dérida pendant qu'il s'arrêtait, les bras croisés sur sa poitrine, pour regarder la maisonnette de maman Richard.

On la voyait bien, la maisonnette, toute gaie et toute proprette dans ses langes de verdure. L'Américain resta plusieurs minutes immobile à la contempler. Cet homme était un rêveur, sans doute.

— Eh bien! murmura-t-il enfin d'un air content, — ici du moins, il n'y a rien à dire contre ce Des Garennes. On doit être heureux là-dedans.

Comme il achevait, un bruit se fit entendre à l'intérieur de la cabane qui naguère était muette; l'Américain fit quelques pas en avant et prêta l'oreille; il crut ouïr des paroles entrecoupées de sanglots.

Sa haute taille se redressa violemment, comme s'il eût voulu secouer les illusions d'un songe funeste. Des pleurs? Quelle apparence? et pourquoi des sanglots?

Quand il fut assez près pour glisser un regard à l'intérieur de la maisonnette, il put voir que la vieille dame Richard n'était pas seule; une femme qui tournait le dos à la porte était assise au-devant d'elle.

Et c'était bien vrai, la vieille dame Richard pleurait.

— Allons, maman, disait l'autre femme avec une affectation de rondeur exagérée, — un peu de courage, saperlotte! Ne dirait-on pas qu'il s'agit de prendre médecine! Vous choisirez l'endroit où vous voudrez aller, et je vous promets bien que vos enfants ne vous laisseront pas manquer...

Les mains croisées de l'Américain se crispèrent, et un voile de pâleur se répandit sur son visage. Il s'adossa contre le tronc d'un arbre.

Maman Richard avait son visage entre ses mains. Quand elle ôta ses mains, l'étranger fit un mouvement comme pour s'élancer, mais il se retint et courba le front en silence.

C'est que la pauvre dame Richard était bien changée. On voyait, même de si loin, ses yeux las et rougis au milieu de son visage blême ; de grosses larmes roulaient sur ses joues ; sa tête tremblante se balançait, et il semblait que sa respiration ne pouvait plus soulever le poids qui écrasait sa poitrine.

— Noton, je t'ai vue toute petite, balbutia-t-elle; — ta mère était bien pauvre; pendant qu'elle allait à l'ouvrage, je t'avais la moitié du jour sur mes genoux. Pourquoi viens-tu me briser le cœur?

Il y avait peut-être quelque chose dans la poitrine dodue de la tante Noton, car sa voix s'altéra tandis qu'elle répondait:

— Allons, allons, maman, ne vous faites pas de mal, sapristi! Quoi donc: vous viendrez les voir tant que vous voudrez!

La vieille dame leva les yeux sur

elle tout à coup et la regarda fixement.

— Est-ce bien vrai tout ce que tu m'as dit là ? demanda-t-elle.

Cette question fut si énergiquement posée, que l'Américain ne put s'empêcher de tendre le cou comme pour provoquer, lui aussi, la réponse.

Certes, cela ne la regardait point ; mais il y a de ces drames de foyer qui se jouent sans bruit et sans éclat, de ces drames si poignants qu'on y devient acteur malgré soi, rien qu'à les entrevoir de loin.

C'était une mère qui adorait son fils et qui était chassée de la maison de son fils.

— Comment, comment! s'écria Noton offensée; vous me demandez si c'est bien vrai, maman Richard! Ma foi, la commission n'est pas déjà si gentille! Je vous prie de croire qu'il a fallu bien me tourmenter...

Elle mit le poing sur la hanche avec la dignité du dévoûment méconnu.

C'est vrai murmura la pauvre mère, —tu n'étais pas méchante autrefois.

— Et ça n'a pas changé, maman! Je pardonne bien des choses à votre position, mais quand à dire que la commission est agréable...

— Noton, dit la bonne femme en lui

tendant ses deux main s, — je n'ai pas voulu t'offenser, ma fille.

Cet original de Stephen Williams avait des larmes dans les yeux.

— Et puis, après ça, reprit la tante Noton, qui consentit à faire la paix, — on ne vous dit pas de partir tout de suite; demain, après-demain, enfin quand vous voudrez...

Il y eut un silence; la vieille ne pleurait plus, ses yeux étaient fixes, sa tête semblait raffermie sur ses épaules.

— Ne te fâche pas et réponds-moi, Noton, dit-elle avec ce calme navrant que donne le comble de la douleur; — est-ce bien mon fils, Thomas Richard, qui t'envoie? Et ne viens-tu pas plutôt de la part de ma bru?

— Je viens de la part de mon cousin Des Garennes, répondit Noton, qui gagnait effrontément et fidèlement le cachemire des Indes avec les boucles d'oreilles; — même qu'il a dit à François d'atteler pour le cas où... vous comprenez bien, maman?

— Non, dit la bonne femme dont les dents se serrèrent, je ne comprends pas.

— Eh bien! acheva Noton, — pour le cas où vous prendriez mal la chose, et où ça vous ferait plaisir de partir tout de suite.

Madame Richard se leva d'un mouvement brusque et comme si une décharge galvanique l'eût fait sauter hors de son fauteuil.

L'effet fut terrible à voir, si terrible que l'étranger appuya ses deux mains contre son cœur.

Mais cela ne dura qu'un instant, et la pauvre vieille femme, plus faible après la réaction opérée, eut de la peine à gagner la ruelle de son lit.

Elle leva ses deux mains jointes vers l'image de la Vierge suspendue au-dessus du bénitier.

— Sainte mère de Dieu ! dit-elle à haute voix, — qu'il n'y ait que moi à souffrir !

Elle revint vers Noton, qui était muette désormais, et lui dit avec douceur :

— Puisque la voiture est attelée, je veux en profiter, ma fille. J'ai toujours ma petite maison là-bas, au bourg de Trèves, et après tout, mon fils Thomas sait bien que je ne resterai pas sans asile. Aide-moi, Noton : il y a là une grande boîte dans laquelle j'ai apporté mes hardes ; nous allons la remplir ensemble, et ce ne sera pas bien long.

Noton se sentait *tout drôle,* comme elle le dit depuis à madame Des Garennes ; elle n'aurait jamais cru avoir, pour si peu de de chose, des frissons par tout le corps.

Elle se dit : C'est bête ! et vaillamment elle alla prendre dans un coin la grande boîte de sapin qui servait de malle à maman Richard.

La bonne femme n'avait point menti, ce en fut pas bien long; dix minutes après, la petite armoire était vide et la boîte pleine.

Maman Richard regarda tout autour d'elle ; à ce dernier moment l'amertume débordait de son pauvre cœur.

— S'il était venu lui-même, murmura-t-elle, — s'il m'avait dit : Tiens, mère, voici ce qui arrive... il y a ceci, il y a cela.... je suis esclave de ma position, et...

— Non, non ! s'interrompit-elle, tandis que ses larmes éclataient, — Thomas ne m'aurait pas dit cela !

Elle se laissa tomber sur ses genoux et s'écria avec un inexprimable élan de passion :

— Jean, mon fils Jean, ta mère, ta mère est toute seule !

— Qu'est-ce que c'est? fit la tante Noton qui mit la tête au dehors.

Elle avait cru entendre comme un sanglot étouffé de l'autre côté de la pelouse.

— Y a-t-il quelqu'un là? cria-t-elle.

Personne ne répondit.

Et quand maman Richard et elle, tenant chacune par un bout la grande boîte, traversèrent le gazon, elles ne rencontrèrent personne.

La lumière brillait encore dans la maisonnette qui était vide. Quand les pas de la bonne femme Richard et de sa compagne se furent étouffés au loin, on eût pu voir

Stephen Williams sortir de l'ombre des massifs et traverser lentement la pelouse.

Il vint jusqu'à la porte de la maisonnette et plongea un regard à l'intérieur. Ses yeux s'arrêtèrent sur le fauteuil vide de maman Richard et montèrent jusqu'à la ruelle du lit où l'image de la Vierge pendait au dessus du bénitier.

La couverture était toute faite ; on voyait bien que maman Richard avait été surprise à l'heure où commençait d'ordinaire sa nuit.

L'expédition avait été menée rondement

et la tante Noton avait, saperlotte ! gagné comme il faut ses honoraires.

Assurément l'Américain n'était pas un chevalier errant, puisqu'il avait pu voir cette froide infamie s'accomplir devant ses yeux, sans faire un mouvement, sans prononcer une parole.

Il avait refoulé le cri de son indignation et c'était en silence que sa main tremblante avait essuyé ses paupières humides.

Au demeurant, qu'aurait-il pu faire, avec la meilleure volonté du monde? cela ne le regardait pas, et c'était déjà beaucoup peut-être que d'entrer si avant dans les secrets d'une famille étrangère.

Il s'assit sur la pierre du seuil et appuya sa tête contre sa main.

— La voiture était attelée d'avance !... murmura-t-il.

Il ôta sa main pour écouter ; on entendit au loin un roulement sourd ; puis le roulement s'étouffa, et le vent n'apporta plus que l'écho indistinct des rires et des bavardages de la fête.

Un sourire amer vint aux lèvres de l'Américain.

— C'était un mauvais sujet que Jean Richard! dit-il. — Et Thomas Richard a fait un bon mariage! Si Jean Richard revient, quel châtiment infligera-t-il à cette femme qui a chassé sa mère?

— Car c'est elle, se reprit-il, — et la vieille dame a eu tort de croire trop vite. Elle aurait eu plus de confiance dans le mauvais sujet... l'autre. C'est égal, elle aurait dû dire : Je veux voir mon fils!

Il roidit ses deux bras au bout desquels ses poings se fermaient convulsivement et ajouta, comme si cette idée eût tyrannisé son esprit :

— La voiture était attelée d'avance !...

Des pas se firent entendre sur la lisière du parc et une ombre se montra dans le sentier au bout de la pelouse.

— Roland ! pensa l'étranger, — encore une âme en peine ! Je l'attendais ici.

Roland traversa la pelouse et vint droit à la maisonnette ; il était si absorbé dans ses réflexions qu'il ne vit point Stephen Williams sur le seuil.

— On n'entre pas ! dit froidement celui-ci, au moment où Roland allait le heurter.

Le jeune homme s'arrêta étonné.

— Pourquoi n'entrerais-je pas chez ma mère? demanda-t-il.

— Parce qu'on l'a chassée, votre mère, répondit Stephen Williams.

—Chassée! répéta Roland, qui recula de plusieurs pas.

Stephen Williams se leva et le prit par le bras.

— Roland Richard, dit-il avec une émotion soudaine et qu'il essayait en vain de maîtriser, — vous êtes ici dans une maison maudite et vous y verrez la foudre tomber.

Roland écoutait, devinant à demi le sens de ces paroles.

— Et qui donc a chassé ma mère? demanda-t-il encore.

Au lieu de répondre l'Américain lui secoua le bras rudement.

— Tout à l'heure, dit-il avec un sourire plein de tristesse, — pendant qu'on décidait de votre sort au château Des Garennes, que faisiez-vous, Roland Richard?

Le jeune homme garda le silence; Stephen Williams poursuivit :

— Vous parliez d'amour tous les deux, cachés là-bas sous le feuillage, enfants imprudents, enfants condamnés! Vous parliez d'amour, tandis qu'on brisait là, tout près de vous, le bonheur de votre vie. Vous faisiez ce beau rêve de rester unis toujours, à l'heure même où l'arrêt de votre séparation était prononcé. Vous échangiez votre foi, quand la foi de Camille était promise et engagée à un autre.

— Est-il donc vrai? s'écria Roland —

M. Richard Du Guéret a-t-il sollicité la main de Camille ?

— L'offre de M. Richard Du Guéret, répondit l'Américain, — s'élève à cinq cent mille francs et vous partez pour l'armée.

Roland garda une contenance presque tranquille.

— Que dites-vous de cela ? reprit l'Américain.

— Je dis, repartit le jeune homme, que je provoquerai demain matin M. Richard Du Guéret.

— Et que vous le tuerez, n'est-ce pas ?

— Et que je le tuerai !

Stephen Williams haussa les épaules avec pitié.

— Si vous n'avez que cette espérance-là, je vous plains, monsieur Roland, dit-il, — mais on ne peut donner tout d'un coup à un enfant la science de la vie... Parlons de choses plus sérieuses : Vous aimez votre cousine, et je crois que votre cousine vous aime : si vous restiez ici, peut-être que votre présence même serait un obstacle au mariage ; je conclus cela du soin que l'on prend de vous éloigner. Or, il vous reste un moyen de ne pas partir.

— Quel moyen? s'écria Roland qui se creusait la tête depuis le commencement de cette soirée pour en trouver un.

— Les deux mille francs que vous m'avez donnés pour votre père, répliqua l'Américain, — ne sont pas encore en route.

Ce disant, il ouvrit son portefeuille pour y prendre les deux billets de banque de Roland.

Celui-ci détourna la tête.

— Avec ces deux mille francs, continua l'Américain, vous pouvez vous racheter, vous pouvez rester près de Camille et combattre vous-même pour votre propre bonheur. Ne voulez-vous point les reprendre?

— Non, repartit Roland à voix basse.

— Cependant... voulut insister Stephen Williams.

Roland l'interrompit du geste.

— Vous vous êtes chargé de les remettre à mon père, dit-il, — faites votre commission et ne lui laissez point voir surtout ce que cet argent me coûte.

— Comme vous voudrez, monsieur Roland, fit l'étranger, qui referma son portefeuille avec une grande affectation d'indifférence, — vous êtes, ma foi, presque aussi obstiné que ce pauvre diable de Jean Richard !

Il consulta sa montre, qui marquait huit heures et demie.

— Je ne vous retiens pas ; reprit-il ; — je sais que les amoureux aiment la solitude. Mais dans une demi-heure, si vous n'avez rien de mieux à faire, rapprochez-vous du salon de verdure, vous verrez peut-être quelque chose de nouveau.

Il salua de la main légèrement et se dirigea vers l'intérieur du parc.

FIN DU DEUXIÈME VOLUME.

TABLE DES CHAPITRES.

—

— X. — Bon ménage. 1
— XI. — Intrigant. 53
— XII. — Gaîté-Richard. 109
— XIII. — Manie américaine. 147
— XIV. — La tribu dinc. 187
— XV. — Probité antique. 223
— XVI. — La tante Notou. 259

Fin de la table

Fontainebleau. — Imprimerie de E. Jacquin.

EN VENTE :

LES ÉTAPES D'UN VOLONTAIRE
PAR PAUL DUPLESSIS. — 4 volumes.

—

LES CRIMES A LA MODE
PAR ANDRÉ THOMAS. — 2 volumes.

—

LE TUEUR DE TIGRES.
PAR PAUL FÉVAL. — 2 volumes.

—

LE NEUF DE PIQUE
PAR LA COMTESSE D'ASH. — 6 volumes.

—

LES TROIS REINES
PAR X.-B. SAINTINE. — 2 volumes.

—

MADEMOISELLE DE CARDONNE
PAR A. DE GONDRECOURT. — 3 volumes.

—

AVENTURES DU PRINCE DE GALLES
PAR LÉON GOZLAN. — 5 volumes.

—

LA FAMILLE JOUFFROY
PAR EUGÈNE SUE. — 7 volumes.

Impr. de E. Dépée, à Sceaux.

www.ingramcontent.com/pod-product-compliance
Lightning Source LLC
Chambersburg PA
CBHW071509160426
43196CB00010B/1462